Keyword Series of Psychology

キーワード心理学シリーズ 9　重野 純・高橋 晃・安藤清志 監修

非行・犯罪・裁判

黒沢 香・村松 励 著

新曜社

キーワード心理学シリーズ　全12巻

＊印既刊

＊1	視覚	（石口彰）
＊2	聴覚・ことば	（重野純）
＊3	記憶・思考・脳	（横山詔一・渡邊正孝）
＊4	学習・教育	（山本豊）
＊5	発達	（高橋晃）
6	臨床	（春原由紀）
7	感情・ストレス・動機づけ	（浜村良久）
8	障害	（大六一志）
＊9	非行・犯罪・裁判	（黒沢香・村松励）
10	自己・対人行動・集団	（安藤清志）
11	パーソナリティ・知能	（杉山憲司）
＊12	産業・組織	（角山剛）

【監修者】

重野　純（しげの　すみ）
青山学院大学文学部教授。専門は認知心理学，心理言語学。
1,2,3,4巻を担当。

高橋　晃（たかはし　あきら）
武蔵野大学人間関係学部教授。専門は発達心理学，文化心理学。
5,6,7,8巻を担当。

安藤清志（あんどう　きよし）
東洋大学社会学部教授。専門は社会心理学。
9,10,11,12巻を担当。

「キーワード心理学」シリーズ刊行にあたって

人類の長い歴史のなかで、今日ほど心理学が必要とされている時代はないでしょう。現代に生きる多くの人々が、社会のなかのさまざまな問題を解決するためには、心のはたらきに目を向けるべきだと考えているからです。心理学はこれまで多岐の分野にわたって発展してきましたが、その過程で分野ごとに専門化が進み、内容的に奥深い知識が要求されるようになりました。生理学、物理学、言語学などの知識が必要な分野もあります。心理学で扱う中心的なテーマも変遷してきました。19世紀には構成心理学からゲシュタルト心理学へ、20世紀には行動主義から認知科学へと心理学者の主な関心は移ってきました。そして現在、心（精神、魂）のはたらきを解明するのに最も深くかかわっていると考えられる脳のはたらきに関心が集まっています。脳研究の目ざましい発展により、人の脳をまったく傷つけることなく、脳のどの場所がどのような心のはたらき——考えたり感じたりすること——に関与しているのかを調べることができるようになりました。しかしこの場合も、心のはたらきを適切にコントロールできるかどうかが研究成果を大きく左右しています。今日、心理学に求められているものは非常に大きいといえるでしょう。

心の問題を考えるとき、情報をどのように受け入れどのように処理するのかを知ること、すなわち人の認知行動を適切に知ることはきわめて重要なことです。「キーワード心理学」シリーズ（全12巻）

では、現代科学のなかにおける心理学の役割を念頭におきつつ、日常生活でよく体験する出来事や現象、対人関係などについて、認知的視点に立って取り上げています。本シリーズでは、心理学の研究者や大学生はもとより一般の方々が容易に理解できるように、本の構成や記述方法を工夫してあります。どの巻も最も重要と考えられる30項目を精選して、項目ごとに独立した読み物として楽しんでいただくことができるようにしてあります。また、一人の著者（一部の巻では2名）が一つの巻をすべて書くことによって、項目ごとの関連や読みやすさの統一が図られています。さらに、もっと深く心理学を学びたい人々のために、巻末には本文であげた実験や調査の文献を一覧にして載せてあります。内容的には最新かつ専門性の高いテーマにも踏み込んでいますから、より深く心理学にかかわりたいという読者の希望にも、十分添えるものと信じております。知識の集積、学問としての心理学の面白さの実感、研究テーマのさらなる発展など、それぞれの目的に応じて、本シリーズを役立てていただければ幸いです。

監修者一同

まえがき

皆さんは、犯罪心理学者や犯罪心理学の分野についてどのようなイメージを抱いているのでしょうか。ある人は、犯罪者の深層心理を解明するサイコロジストであったり、犯罪捜査に科学的な手法を用いるプロファイラーであったり、非行少年を更生に導くカウンセラーであったりさまざまであると思います。また、犯罪心理学に対する関心のあり方もさまざまだと思います。当然のことですが、犯罪心理学の分野も細分化されており、犯罪の原因を究明する「犯罪原因論」、非行少年や犯罪者の処遇について臨床心理学の方法論を用いた「矯正心理学」「非行臨床」、プロファイリングや目撃証言などの研究に代表される「捜査心理学」、裁判の過程を心理学的に研究する「裁判心理学」などです。また、加害者の研究に加えて心的外傷を負った犯罪の被害者の支援の臨床研究をする「被害者心理学」も犯罪心理学の一つです。想像以上に広い分野を「犯罪心理学」と呼んでいることが分かると思います。

また、皆さんは国民の一人として刑事裁判に参加する可能性があります。ご存知のように２００４年5月21日「裁判員の参加する刑事裁判に関する法律」が成立し、２００９年5月21日から裁判員制度が始まりました。裁判員として刑事裁判に参加し、被告人が有罪かどうか、有罪の場合どのような刑にするかを裁判官と一緒に決めるといった制度です。仮にあなたが裁判員に選ばれたとしたらどうでしょうか。殺人など凶悪・重大事件を犯した被告人に対してどのような質問をするのでしょうか、また証人、被害者や被害者遺族の方たちとどのように接したらよいのでしょうか。真摯に事件に取り組んでいる裁判員の方々のコメントを新聞などで読む機会も少なくありません。ご自分の知識や経験に加えて犯罪心理学に関する知識が少しは役に立つかも知れません。

最後に、新曜社の塩浦暲氏には完成まで辛抱強く待って戴き、ただただ感謝するばかりです。

２０１２年１月

村松　励

この本を手に持ったとき、どう感じましたか。どんなふうに思いましたか。きっと、興味深い内容だと思っていただけたのではないかと思います。でも、「興味深い」って、どういうことでしょうか。それは、この本が人間のことを書いているからです。あなたは人間です。だから、ひとつの例外もなく、この本はあなたのことなのです。この本の中に書かれたことはすべてが関係しています。そして、周りの人にも同じことが言えます。もちろん、その関係に「濃淡」はあるでしょう。でも、ひとつの例外もなく、あなたも周りの人も、この本に書かれたことが関係しています。

少し大げさになってしまいました。勉強するときは、ちょっと距離をおいたほうが良いのかも知れません。できるだけ客観的に見たほうが良いでしょう。ひとつの見方を与えてくれる、そんな本にしたいと思いました。でも、忘れないでほしいと思います。この本に書かれたことは他ならぬ、あなたのことなのです。

最後に、新曜社の塩浦暲さんに、完成まで待っていただき、感謝したいと思います。

２０１２年１月

黒沢　香

目次

パート・2　犯罪・捜査

パート・3　刑罰・裁判

装幀――大塚千佳子
カバーイラスト――いとう　瞳

パート・1

非行

1　少年法と少年非行

法律の概念と基本理念

少年犯罪とか**少年非行**という言葉をよく耳にします。ここでは、これらの概念をきちんと整理しておきたいと思います。これらの概念はすべて「少年法」[1]という法律に規定された法的概念であるからです。また、わが国の少年法の特徴、基本理念についても学んでおきたいと思います。

少年法の基本理念

少年法はわが国において、非行を犯した少年を処遇するための基本法です。少年法の第1条には、この法律の目的がつぎのように記されています。

「この法律は、少年の健全な育成を期し、非行のある少年に対して性格の矯正及び環境の調整に関する保護処分を行うとともに、少年及び少年の福祉を害する成人の刑事事件について特別の措置を講ずることを目的とする。」

この条文は、少年法の基本理念である目的を明確にしたものです。少年法が、刑事政策上の司法的性格とともに、教育的・福祉的な性格を持った法律であるとされる理由は、この「**少年の健全な育成**」に端的に言い表されています。

1　わが国に「少年法」という法律が公布されたのは、1922（大正11）年です。この少年法は、わが国の歴史上確かに画期的なものであったことは否定できないのですが、司法と福祉の両面のうち、どちらかといえば、刑事司法の性格が強かったものと指摘されています。その後、第二次世界大戦後の憲法改正に基づいて、わが国の法律制度は全面的な見直しが行われ、1948年、少年法も全面的な改正がなされました。その背景には、当時のアメリカの標準少年裁判所法等の考え方を基礎とした連合国総司令部の強い意向があったとされています。この少年法が戦後半世紀にわたり少年審判を支えてきましたが、その後2度の改正が2000年、2007年になされました。

司法の基本的な使命である社会公共の安全といった社会防衛な側面と、少年の健全育成といったものは、本質的には相互に有機的な関連を持つものであり、矛盾するものではありません。調和させるように運用していくことが求められています。ここで言う「健全な育成」とは、少年が更生するためのプロセスを指すものであって、少年が更生することが社会の安全につながることを意味します。ここで言う更生とは、人格の成熟の結果、自己を客観的に把握し加害者としての自己を認識し、将来、社会の一員として生活していく能力を獲得することを意味するといってよいと思います。「育成」といった表現は、まさに今日のように精神的に極めて未成熟な少年による重大事件が惹起されている現状においてこそ重要な援助方法を示しています。非行に限らず青少年の問題行動の背景には、人格の未成熟さが指摘され、心理臨床の世界ではクライエントを「育て直す」といったことが目標とされているのです。

少年非行とは

非行というと不良交友とか家出といった事柄を一般的には連想するでしょう。一般的に不良と見なされている家出や不良交友は、社会的な概念としての非行です。ここで取り上げる非行とは法的概念であり、狭義の非行概念であることを押さえておく必要があります。具体的に少年法でいう少年とは、20歳に満たない者をいいます。ですから結婚していても、20歳未満なら少年法上は少年ということになります。少年というと男子をイメージしますが、少年法が規定する少年は当然女子も含まれます。

非行とは、つぎの3種類の行為または行状を総称する概念です。

①14歳以上20歳未満の少年による犯罪行為（**犯罪少年**）
②14歳に満たないで刑罰法令に触れる行為（**触法少年**）
③20歳未満の少年の虞犯
　イ　保護者の正当な監護に服しない性癖のあること
　ロ　正当の理由がなく家庭に寄り附かないこと
　ハ　犯罪性のある人若しくは不道徳な人と交際し、又はいかがわしい場所に出入りすること
　ニ　自己又は他人の徳性を害する行為をする性癖のあること（**虞犯《ぐはん》少年**）

③のイからニの事項を虞犯事由と呼び、虞犯の場合にはどの事項に該当しているかが虞犯を認定するに際して重要となります。虞犯の「虞」とは、犯罪を犯すおそれを意味します。漠然と犯罪を犯すおそれではなく、具体的に刑罰法令に規定されたような違法な行為を犯すおそれ（虞犯性と呼ぶ）がなければなりません[2]。

家庭裁判所の役割

家庭裁判所に非行が事件として送致されると、送致された非行事実が法律上認定できるかといった、非行事実の存否の確認、および手続き面における少年の人権の保障といった司法的機能が、主に**裁判官**によって担われることになります。事実の存否が確定されると、**家庭裁判所調査官**によって、非行事実の背景にある少年の資質（知能・生活史に基づく人格理解等）及び環境（家庭の機能評価、学校・職場での適応状態等）における非行要因の調査および再犯

2　保護者の注意や指導を無視して、正当な理由がなく、家出を繰り返し不良仲間の溜まり場に寝泊まりし、生活費に窮すると中学校の後輩にカンパと称して恐喝まがいの行為を繰り返している、被害者は仕返しを恐れて警察に被害届も出せないでいる、といったようなケースを想定してみましょう。この場合、虞犯事由のイ、ロ、ハに該当し、将来恐喝を犯す危険性が高度に認められることになるので、虞犯と認定することが可能であると思います。注意しなければならないことは、虞犯事由に該当するだけでは十分ではなく、虞犯性が認められて初めて虞犯として認定されるという点です。また、恐喝と認定される場合には、犯罪少年として立件すべきであって、虞犯少年と認定すべきではないことは注意しなければなりません。

の危険性（要保護性）について調査がなされ、少年に適した処遇を選択し処遇意見として裁判官に意見提出することになります。家庭裁判所調査官が主に担う機能は、家庭裁判所の「ケースワーク的機能」（教育的・保護的・行政的機能）と呼ばれています。

家庭裁判所調査官の調査方法は、医学、心理学、社会学、教育学その他の専門的知識を活用してなされることになります。このような人間関係諸科学[3]の総合的な応用が、的確な少年理解へとつながるのです。また、そのために長期間研修を受けることになっています。

少年が凶悪事件といわれるような重大な事件を犯した場合には、少年でも逮捕・勾留されることが多く、このような場合には、少年は非行に至った心身の状況についてより精密な鑑別が必要となることから、**少年鑑別所**[4]に収容されることが多いのです。期間は最大4週間でしたが、2000年の少年法の改正によって一定の要件のもとに、最大8週間まで延長されることになりました。これは、改正前の少年法のもとでは重大事件で非行事実が争われているような場合、4週間では審判運営上の支障も多いことから改正がなされたものです。

少年鑑別所においては、心理学の専門家や精神科医による心身の**鑑別**がなされます。心理テスト、面接、行動観察、診察といった方法によって非行動機の解明や少年に適した処遇選択が鑑別結果としてまとめられ、家庭裁判所に提出されます。鑑別は主に少年個人に焦点を当てるのに対して、家庭裁判所調査官の調査は少年を取り囲んでいる環境としての家族・学校・地域といった個人システムを超えた社会システムを調査の対象とすることから、**社会調査**と呼ばれています。

3　人間関係諸科学とは、心理学、社会学、教育学、医学など少年を理解し、援助するための基本的な専門的学問を意味します。

4　観護措置がとられた少年の資質の鑑別を行う法務省所轄の施設です。主に心理学の専門家が各種心理検査、面接、行動観察を行い、その結果を鑑別結果通知書として家庭裁判所に提出します。

●参考書

澤登俊雄（1999）『少年法――基本理念から改正問題まで』中公新書

2　非行類型と犯罪類型

さまざまな分類

非行や犯罪をあるタイプに分類して理解することは重要な視点を提供します。最初に罪種とそれらに含まれる主な犯罪について見てみましょう。これは、『犯罪白書』などに用いられている分類です。

罪種による分類

1　凶悪犯罪…殺人、強盗、放火、強姦
2　粗暴犯……暴行、傷害、脅迫、凶器準備集合
3　窃盗犯……窃盗など
4　知能犯……詐欺、横領（占有離脱物横領を除く）、偽造、背任など
5　風俗犯……賭博、わいせつ
6　その他の刑法犯……公務執行妨害、住居侵入など

この他にも、つぎのような分類も可能でしょう[1]。

1　財産犯……窃盗、詐欺、横領
2　粗暴犯……暴行、傷害、脅迫、恐喝

1　安香宏（2008）

3　性　犯……強姦、強制わいせつ
4　凶悪犯……強盗、殺人、放火

前者の分類では強姦を**凶悪犯罪**に含めていますが、性犯といった分類を立てれば強姦は性犯の典型的な罪種となることから、当然異なった分類となります。犯罪者によっては、財産犯を繰り返す人がいたり、性犯のみを繰り返す人がいることは仄聞《そくぶん》するところです。また、よく少年犯罪の「凶悪化」といった議論が起こりますが、ただ単に殺人の増減のみではなく、強盗など他の凶悪犯罪の増減にも注意を向けなければなりません。

犯行形態による分類

1　犯行者数――単独犯か共犯によるものか。共犯の場合、2人共犯か多数集団によるものかなど。
2　犯意――故意によるものか過失によるものか。（人身事故などは過失によるもので、業務上過失傷害になります。）
3　行為結果――既遂か未遂か。（統計には未遂も含まれている場合が多いので、注意してください。）
4　犯行反復の有無――初犯か累犯か。また、常習犯かどうか。
5　犯行役割――主犯か従犯か。

初犯から単独で事件を犯すタイプもいますし、いつも同じ共犯者と2人でやるタイプもいます。また、暴走族のように多数共犯によるものもあります。犯行役割でも、いつも従犯役で主犯に追従して犯行を行う者もいます。罪種による分類と犯行形態による分類を組み合わせることで、さらに類型的理解が可能となります。

非行類型

モフィット[2]は、二つの類型を提案しました。幼少期から窃盗、暴行などの非行を繰り返し、成人後も粗暴犯や性犯を繰り返すタイプを**生涯持続型**犯罪者と呼びました。このタイプは乳児期、幼少期から癇癪や発達障害の問題を抱えており、発達の各段階において向社会的スキル、対人スキルを獲得、訓練する機会を逃しています。仲間からも拒絶され避けられることが多く、同時に親の養育放棄や教師からも疎んじられることが多いのが特徴です。

もう一つのタイプは、犯行を思春期に始めて18歳の誕生日前後の時点には止めるもので、モフィットはこれを**青年期限定型**犯罪者と名づけました。このタイプは、成長の過程で成人になるころには非行から足を洗い、普通の生活様式へと徐々に移行していくものと仮定しています。しかしながら、青年期限定型を追跡調査したところ、26歳になった青年期限定型も少なからずいることから、現代社会において、成人期は25歳以降ではないかと主張しています[2]。

奥村[3]は、「凸《とつ》型非行」と「凹《おう》型非行」という少年非行の二極化現象を指摘しています。凸型非行とは、薬物乱用など**遊び型非行**と呼ばれるもので、その特徴は、欲望の肥大化による非行です。社会の周縁部を蝕む非行といえます。一方、凹型非行とは、殺傷事件など**いきなり型非行**と呼ばれるもので、うっ屈した攻撃性による非行で、社会の中心部を蝕む非行と

2　Moffitt, T. E. (1993)

3　奥村雄介（２００１）

4　American Psychiatry Association (2000)（高橋三郎・大野裕・染矢俊幸（訳）２００３）

いうことができます。凸型非行と凹型非行とを比較すると、前者では**素行障害**の診断基準［4］を満たすものと考えられます。素行障害の特徴は、反社会的行為を反復、持続することです。また、凸型非行の背景には、崩壊家庭、不良交友、反社会的な自我同一性や、大げさな感情表出を伴うことが指摘されています。凹型非行においては、素行障害の診断基準を満たしません。いきなり型なので、反社会的な行為を反復することはないのです。この非行の背景には、家庭内暴力やひきこもりが認められたりします。反社会的というよりも、非社会的なタイプです。感情表出も単調であったり、平板であることから、逮捕されたりすると周囲からはよく、目立たない存在であったなどといった反応があります。

非行類型の時代的変遷

わが国の少年非行の変遷を概観するためには、いくつかの時代に区分してみるとよいと思われます。図2-1は、犯罪白書（平成22年版）によるものです。図に示すように、戦後最初の非行のピークは1951年、その次は1964年、そして1983年と3つの大きな波が見られます。ピークの前後の期間を4つに区分して時代的変遷を見ていきたいと思います。

第1期は、1946年から1958年までの期間です。この時期の非行の特徴を一言で言い表せば、終戦直後の混乱の時期で、「生きるため、生き残るため」といった動機に基づく財産犯や強盗が多く、非行の背景には「貧困」「家

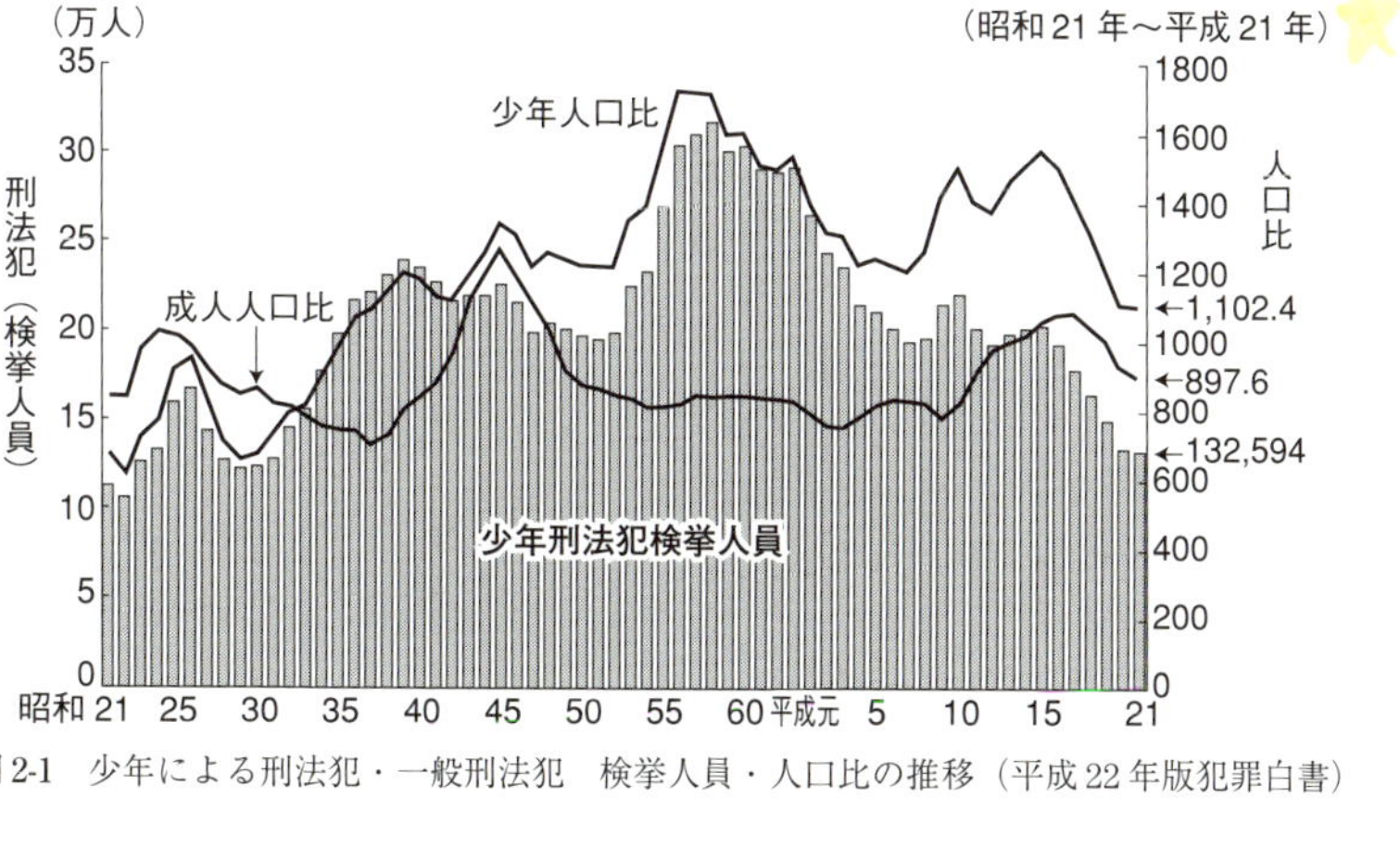

図2-1　少年による刑法犯・一般刑法犯　検挙人員・人口比の推移（平成22年版犯罪白書）

庭崩壊」がありました。この時期の非行を**生存型非行**と呼びます。

第2期は、1959年から1972年までの期間で、この時期わが国は経済至上主義的な社会の中で、価値観の葛藤に基づく**反抗型非行**が増加していきます。この時期、高校への進学率も上昇していますが、義務教育終了後すぐに働かざるを得ない少年たちもまだ多く、相対的な欠乏感に基づく社会への敵意の表出が、この時期の非行を特徴づけています[5]。この時期は、団塊の世代が中学生になる時期に相当し、傷害・暴行・恐喝といった粗暴犯の増加や強姦に代表される性非行が増えた時期です。

第3期は、1973年から1995年までの期間です。遊びの延長としての非行、万引きや自転車盗などの**遊び型非行**が増加します。遊びの延長だから非行といっても重大視する必要はないといった誤解を生みやすいことから、それに代えて警察庁は1982年、**初発型非行**という名称を用いました。「初発型非行」とは、万引き・オートバイ盗・自転車盗などに見られるように、犯行の手段が容易で、動機が単純であることを特徴とする非行ですが、手当てをしないで放置しておくとやがて恐喝・強盗などの他の本格的な非行へ深化してしまう危険性を孕んでいる非行なのです。

第4期は、1996年から現在に至る期間です。1997年に警察庁は、検挙歴のない少年たちが、強盗・傷害致死などの重大事件をいきなり起こすことから、「**いきなり型非行**」と命名しました。

このように、非行は時代とともに推移してきています。非行には社会状況、経済状況、家族関係のあり方などといった要因が複雑に絡み合っていると理解できます。特に、第4期はバブル経済の崩壊、不良債権、赤字国債など先の見通しがきかない「不安」の時代に世の中

5　星野周弘（2000）

は突入したと言われており、どのようなタイプの非行が今後現れるのか注意が必要です。

犯罪生活曲線

吉益[6]は、三つの標識によって犯罪の経過の類型化をはかりました。標識Ⅰは犯罪の初発年齢で、早発とは初犯の年齢が25歳までの者、遅発は25歳以降です。標識Ⅱは刑の反復と間隔で、持続型（釈放後2年半未満）、弛《し》張型（2年半以上5年未満）、間歇《かんけつ》型（5年以上）、停止型の四つに分けることができます。標識Ⅲは犯罪の方向で、単一、同種、異種、多種の四つに分けることができます。単一方向とは同じ犯罪を繰り返すもので、たとえば女性の下着を繰り返し盗むような場合です。同種方向とは、窃盗と占有離脱物横領といったように、同じ財産犯を繰り返すものです。異種方向とは、たとえば、窃盗などの財産犯と傷害などの身体犯を繰り返す場合です。最後の多種方向とは、たとえば、財産犯も身体犯も性犯もといった場合です。この三つの標識を組み合わせることによって、実際の受刑者の類型化をはかります。例示すると、「早発・持続型・単一方向」「早発・持続型・多種方向」「遅発・持続型・単一方向」「遅発・停止型・単一方向」といった類型が可能です。少年非行は20歳未満ですので、早発ということができます。早発で持続型、多種方向の犯罪者の処遇は困難が予想されますし、遅発で停止型、単一方向は成人後に何らかの事情から犯行に至ったものと考えられます。持続型は、モフィットのいう生涯持続型と近い類型です。

6　吉益脩夫（1958）

●参考書

安香宏（2008）『犯罪心理学への招待――犯罪・非行を通して人間を考える』サイエンス社

3　非行と素行障害

なぜ繰り返すのか？

非行を何回でも繰り返す人がいる一方で、親をはじめとして周囲からの注意や叱責で懲りてやめる人もいます。何回も繰り返す人をどのように理解したらよいのでしょうか。精神医学の分野では、このタイプを**コンダクト・ディスオーダー**（**素行障害**）と呼んでいます。この障害は、「他者の基本的人権または年齢相応の主要な社会規範または規則を侵害することが反復し持続する行動様式」[1]とされ、「非行」と重なりますが、虚言、怠学や深夜徘徊も含まれる点で法的概念の非行よりも広いものです。

「素行障害」概念の展開

素行障害という精神疾患は、アメリカ精神医学会の『精神疾患の診断・統計マニュアルＤＳＭ‐Ⅲ』（１９８０年）において初めて登場し、その後改訂が試みられています。この展開過程に沿いながら、非行理解を深める手立てとして利用していきたいと思います。

ＤＳＭ‐Ⅲにおいて、この概念は**社会化型**と**社会化不全型**に加えて**攻撃型**と**非攻撃型**に分類され、その組み合わせから四つの類型、つまり「社会化・攻撃型」、「社会化・非攻撃型」、「社会化不全・非攻撃型」、「社会化不全・攻撃型」に類型化されます。社会化不全型とは、他者との情緒的なかかわりや、共感性（相手の身になって考えたり、相手の気持ちを汲むこと）を欠いていることです。それゆえに、社会化されているということは、少なくとも他者との

1　American Psychiatry Association (2000)（高橋三郎・大野裕・染矢俊幸訳、２００３）

2　この類型から考えるに、社会化

共感性は育っているということです。攻撃型の典型は、**粗暴非行**（暴行、傷害、恐喝など）です。また、非攻撃型とは、薬物非行や財産犯（窃盗、占有離脱物横領など）がその典型です[2]。

アメリカ精神医学会の『精神疾患の診断・統計マニュアルＤＳＭ‐Ⅲ‐Ｒ』（１９８７年）の改訂版においては、素行障害は**集団型**、**単独攻撃型**、分類不能型に分かれていきます。非行や犯罪を考える際に、単独犯と共犯によるものとを分けることは重要です。また、攻撃型、非攻撃型は言うに及びません。ですから社会化不全・単独攻撃型の早期発見、早期介入の必要性があります。また、この改訂版においては、重症度を三つの段階、軽症・中等症・重症[3]に分けています。

アメリカ精神医学会の『精神疾患の診断・統計マニュアルＤＳＭ‐Ⅳ‐ＴＲ』（２０００年）の新訂版[4]においては、発症年齢をさらに**小児期発症型**と**青年期発症型**に分けています。小児期発症型とは、10歳になるまでに診断基準を満たす項目を一つは満たしているが、青年期発症型はそれが認められません。素行障害概念の展開を総合的に考えてみると、小児期に発症し、社会化不全・単独攻撃型で重症のタイプが将来、処遇の困難な累犯者となっていく危険性が高いことが容易に想像できます。素行障害を放置すると将来、**反社会性パーソナリティ障害**[5]を発症してしまう危険性が高くなります。つまり、非行・犯罪の予防を考えるならば、小学生のうちに手当てをすることが重要となります。また、素行障害と併発しやすい**注意欠陥／多動性障害**[6]などについても、早期の治療が必要となってきます。このような観点から、わが国では触法児童が通所し、指導を受けている**児童相談所**の役割が極めて大きいと思います。また、公的治療機関だけではなく、小学校における早期発見と早期の介入が求められます。

不全・攻撃型の非行少年が最も処遇の困難性が想像されますし、社会化・非攻撃型の少年は一過性の非行で収まる可能性が高いと思われます。

3　重症とは、行為が残虐であったり被害の程度が著しい場合に診断します。残虐性は人に対してのみならず、動物も含まれます。同じ傷害罪でも素手で殴る場合と、手当たり次第に所持していた物やナイフなどの武器を使用する場合とでは、重症度が異なることは明らかです。また、被害者が倒れた後も蹴り続けるなども重症です。

4　注1に同じ

5　「10　非行とパーソナリティ」の項を参照のこと。

6　不注意優勢型と多動性・衝動性優位型に分けられます。虐待やいじめの対象となりやすく、不適切なかかわりが将来、素行障害を併発しやすいことが指摘されています。

●参考書

藤岡淳子（編）（２００７）『犯罪・非行の心理学』有斐閣ブックス

4 非行と家族関係

システム的見方

非行を繰り返す少年たちが異口同音に述べるのは、「家族とうまくいっていない」、「家庭に居場所がなかった」といった趣旨の言葉です。これをどのように理解したらよいのでしょうか。身勝手な行動の言い訳として、人のせいにするという、単なる外罰的な合理化ではないかと解釈することも可能でしょう。非行を繰り返すから、家庭に居場所がなくなるのであって、家族関係の問題が非行化の要因ではないと考えることもできます。それでは、小学校の低学年から繰り返される触法行為の場合はどうでしょうか。親からの何らかの虐待を受けている子どもや、直接暴力などを振るわれなくとも夫婦間の葛藤の激しい暴力を目撃したり、葛藤に巻き込まれている子どもにとって、家庭に居場所はありません。このような場合、居場所を求めて家出や素行不良者たちの溜まり場に出入りすることになります。

機能不全の家族

家庭がうまくいっていないといった場合、心理学では**家族の機能不全**と呼びます。家族の機能とはどのようなものでしょうか。ここでは、**非行臨床**において大切であると思われる二つの機能をあげておきたいと思います。一つは、家族構成員の**情緒の安定化機能**です。家庭に帰るとホッとする、気持ちが安らぐ、寛ぐことができるといったものです。子どもにとって家庭が安心感、安全感を保障してくれる「心理的空間」となっていて居場所があれば、情

1　物理的にいくら素晴らしい居住空間であっても、それだけでは意味をなさないことは言うまでもありません。

2　夫婦間葛藤に子どもを巻き込んでしまう親の問題について考えてみましょう。精神的に未成熟な親は、夫婦間の問題を夫婦で解決する能力が乏しいために、子どもを無意識的に巻き込んでしまいます。「お母さん、お父さんと離婚しようと思うけど、お前はどう思う。」などといったものがその典型です。子どものほうは非常に不安定になりますが、親の不安はその分軽減されるのです。

緒の安定化機能ははかられています[1]。二つ目の機能は、**社会化の機能**です。子どもの発達に応じた規範意識や価値観などを内面化していく機能です。この二つの機能は相互に関係し合っています。つまり、情緒の安定化機能がうまく働いていない家族では、子どもの社会化機能を十分に果たすことができないのです。

家族の情緒の安定化機能を損なっているものとしては**夫婦間葛藤**があり、その典型例は**夫婦間暴力**です。このような家族においては、子どもは夫婦間葛藤に巻き込まれているのではないかと考えられます。子どもは家出など問題行動を繰り返すことによって親の注意を自分のほうに惹きつけ、夫婦間の葛藤[2]を一時休戦に持ち込もうとするのではないかという仮説があります。子どもは非行行動を通して、「家庭がうまくいっていない。このままでは、家族が崩壊してしまう」といった家族システムの異常を知らせるＳＯＳ（家族救助信号）を発しているのだという理解が可能なのです。

家族葛藤に巻き込まれた子

子どものなかでも葛藤に巻き込まれやすい子とそうではない子がいます。親のほうから見ると、相談しやすい子、愚痴をこぼしやすい子がいます。夫婦喧嘩を見ていても、きょうだいによって受け止め方が異なります[3]。

システムとしての家族

夫婦関係の歪みが親子関係の歪みと深く関係していることについては、前述のケースの紹介でも見たとおりです。このように、家族は相互にかかわり合っています。ある組織や集団

3　葛藤に巻き込まれやすい子は、葛藤を何とかしたいといった健気な子が多いようです。あるケースでは、父親が酒に酔って、いつものように母親と口論になりました。父親は段々激高し母親に暴力を振るいました。母親は暴力を逃れるために家を飛び出します。すると父親は次男に向かって「お母さんを探して来い」と命じます。長男は自分の部屋でテレビを見ています。父親は必ずといってよいほど、次男にこのような命令をし、このパターンはいつも同じです。「兄貴は、平気な顔でテレビを見ているが、自分はお母さんが心配だった。大きな音がするたびに、怪我でもしたらどうしようと思っていた」と述べています。次男が夫婦間の調整役を果たしていることが分かります。しかしながら、この調整役は徒労に終わることがほとんどです。やがて、次男は調整役を降りてしまい、素行不良の集まる溜まり場に出入りするようになり、そこでシンナー吸引（毒物及び劇物取締法違反）を覚えてしまいました。「シンナーを吸って頭がぼんやりしていると、嫌なことを忘れることができた」と、シンナー吸引の動機について話してくれたのです。

が、相互に依存し合う構成要素（家族の場合、家族構成員）から成り立っているとき、その組織や集団をシステムといいます。ある構成要素の変化が他の構成要素の変化をうながし、その結果としてシステム全体の変化が生じます。このような見方を**システム論**と呼び、家族をシステム論から見ることで、今までとは異なった見方、援助が可能となってきました。

家族の類型

ここでは家族を、もう少し類型的に見ていきたいと思います[4]。

①**父親孤立型家族**　父親が心理的に不在であるとか、父親の影が薄いと評される家族です。この場合、母親と子どもたちの結びつきが強くなっていきます。このような家族においては、社会化の機能が遅滞する危険性を孕んでいます。

②**迂回攻撃型家族**　迂回というのは、夫婦間葛藤のバイパス機能といった意味です。夫婦間に葛藤がある場合、たとえば、夫の攻撃性が妻に向かわずに、子どもに向いてしまうことです。子どもはいつ親から殴られるか戦々恐々としています。予測がつきません。自分が悪いことをしたから殴られるのではなく、夫婦の葛藤に大きく依存しています。虐待が生じる家族においては、このタイプが少なくありません。

③**迂回保護型家族**　夫婦間葛藤がある場合、たとえば、母親と長男が密着したり、父親と長女が密着するようなことです。密着とは、心理的癒着と言い換えてもよいでしょう。

④**分裂型家族**　異なるジェンダーの親子間の密着です。父親と娘、母親と息子の強い結びつきです。親をモデルとして取り込むことができません。

4　亀口憲治（2000）

⑤**離散型家族**　バラバラな家族といってよいものです。寝るだけの家族から「ホテル家族」と呼ばれます。

⑥**密着型家族**　離散型とは反対に家族構成員の結びつきが強い家族で、過保護、過干渉、度の過ぎた心配、支配などに典型的に現れます。

⑦**均衡型家族**　ほどほどの結びつきでお互いの自主性を尊重した家族なので、いちばん健康度が高く、家族の機能がうまく働いています。

①から⑥のタイプの家族であるからといって、すべての子どもが非行化するというのではありません。家族の機能不全の結果、子どもに反社会的行動が現れたり、また反社会的というよりも非社会的な問題行動、たとえば、ひきこもりなどの不適応行動を起こすことがあります。機能不全の家族にあっても友人や教師など他のサポートを得られれば、適応していくことも十分可能です。しかしながら、社会資源のなかで家族が最も重要な資源であることは間違いありません。それゆえに、非行や触法行為を考える際には、養育環境である家族を最初に考慮することになるのです。

最後に家族をサポートする社会資源について、考えてみたいと思います。子どもが単独で存在することはなく、親子関係という関係性の中に存在するように、親子関係も家族関係のサブシステムです。また、家族関係も親族システムのサブシステムであるわけです。具体的には、家族をサポートする親の実家、父方・母方祖父母であったり、子どもから見るとおじ・おば家族の存在は極めて重要となります。これは、特に虐待といった問題を抱える家族を**アセスメント**[5]し、支援する際のポイントとなります。

5　「8　非行臨床」の項の家族のアセスメントを参照。

●参考書

藤田博康（2010）『非行・子ども・家族との心理臨床——援助的な臨床実践を目指して』誠信書房

5 薬物非行

その傾向と乱用者への援助

わが国で**薬物乱用**といった場合、主な薬物は、有機溶剤（トルエン）、覚せい剤、大麻、合成麻薬の4種類です。これらの薬物はその使用や所持などが法律によって禁じられています。有機溶剤は、「**毒物及び劇物取締法**」で、覚せい剤は、「**覚せい剤取締法**」で、大麻は、「**大麻取締法**」で、また、乱用者の多い合成麻薬であるＭＤＭＡは「**麻薬及び向精神薬取締法**」でそれぞれ規制されています。これらの違法薬物をどうして若者たちが使用してしまうのか、薬物乱用や依存の心理そして心理的な援助についても考えてみたいと思います。

薬物非行の傾向

各種薬物非行の増減の傾向を簡単に見ていきたいと思います[1]。

薬物非行のなかで少年検挙人員がいちばん多いのは、毒物及び劇物取締法違反です。ついで覚せい剤取締法違反、大麻取締法違反、麻薬及び向精神薬取締法違反の順になります。毒物及び劇物取締法違反は、１９７２年に一部改正がなされ、シンナー（トルエンはその主成分）の乱用行為が犯罪とされて以降、毒物及び劇物取締法違反が少年の薬物犯罪においては圧倒的に多数を占めてきましたが、１９８２年にピーク（2万９２５４人）を過ぎた後、１９９３年前後から急減し、それ以降も減少傾向にあります。覚せい剤取締法違反の少年検挙人員は、１９８２年に過去最多の２７６９人を記録しましたが、近年はおおむね減少傾向に

1　詳しいデータは、年ごとの犯罪白書や司法統計年報などに当たって見ることとして、ここでは、『犯罪白書』（平成20年版）に基づいて概観します。

あります。大麻取締法違反の少年検挙人員は、近年２００人前後で推移しています。また、麻薬及び向精神薬取締法違反は、２００４年の80人をピークに、近年は減少傾向にあります。麻薬及び向精神薬取締法違反の大半は、ＭＤＭＡなどの合成麻薬によるものです。

薬物乱用の発展図式

つぎに、薬物乱用に至るプロセスを見てみたいと思います。多くの薬物非行に見られる典型的な進化のプロセスのパターンとして、中学校の1、2年生時に飲酒や喫煙の経験を持ち、アルコールやニコチンによって気分を変えることができることを学習してしまう人が多く見られます。抑うつ気分や塞いだ気持ちを一時的にせよ飲酒や喫煙で気分を晴らすことを覚えるのです。このような経験がその後、有機溶剤の使用を経て大麻や覚せい剤乱用に至ることがあります。このように、薬物乱用には順番があるといった考えを、**ステッピング・ストーン**（**踏み石**）**仮説**と呼んでいます。有機溶剤使用を経て、覚せい剤使用に至る一群の乱用者において有機溶剤が覚せい剤乱用の**ゲイトウェイ・ドラッグ**（**入門薬**）となっていると言われています。

１９９０年以降、それまで注射器を用いた覚せい剤乱用にかわって、覚せい剤の粉末をアルミ箔に乗せたり、ガラスのパイプに入れて、ライターで下からあぶり、気化させた煙を吸引する簡便なやり方が流行ってきました。使用方法の変化と同時に、覚せい剤を「スピード」とかスピードの頭文字をとって「エス」と呼ぶようになりました。しかし覚せい剤乱用が進んで、止めようと思ってもなかなか止められない依存の状態になってくると、吸引使用から注射器使用に至る少年も少なくありません[2]。

2　ある乱用者は「アブリ（吸引使用）では、もったいない。アブリでは、髪の毛が逆立つような快感が得られない。やっぱり打ち込み（注射器使用）がいちばんです」と、依存に至った経緯を語りました。

薬物乱用少年の心理学的背景

薬物乱用に陥りやすい性格や心理状態について検討してみたいと思います。薬物乱用少年たちは、その生活史のうえで何らかの生きにくさを抱えている場合が少なくありません。典型的なケースは、親から身体的虐待やネグレクトといった何らかの**虐待**をされてきた少年たちです。籠田[3]は、被虐待経験を持った少年が非行化していくプロセスを、事例研究を通して丹念に記述しています。粗暴非行が発現される前の段階で、薬物非行が現れています。このような少年は、不安、焦燥感、抑うつ感、怒りといった精神症状を抱えていることが少なくありません。彼らはこのような精神症状を改善するために、生活史の早い段階、小学生の高学年あたりから有機溶剤などの使用に至るのです。精神症状改善の目的のために依存性薬物を自己使用し、薬物依存へと発展するといった考えは、**自己治癒仮説**（**セルフ・メディケイション仮説**）と呼ばれています。また、被虐待経験を持った非行少年の場合、非行が自己破壊的であり自暴自棄の心理状態になりやすいことを注意しておかなければなりません[4]。

有機溶剤に限らず、広く薬物乱用・依存者には、情動面、意欲面、道徳面での特有な性格変化が認められます。これらの性格変化が生じると、有機溶剤に頼らないで人間関係を持つことが難しくなります。そして現実生活での人間関係の複雑さを回避し、自分の求める効果を安直に与えてくれる有機溶剤をあたかも唯一の友だち・恋人のようにして、有機溶剤を入手し吸引することが生きがいとなるために、精神的に未熟で社会性の発達が遅滞した自己中心的な人格形成不全の状態を招来させてしまいます。

有機溶剤乱用者の場合、集団吸引群と単独吸引群に性格特徴に差があることが指摘されて

3　籠田篤子（2001）

4　このタイプにおいては単独で薬物使用に至る場合が多いことから、単独・依存型といい、仲間集団で好奇心や仲間集団への帰属意識からなされるものを集団・遊興型と分類して事例研究がなされていますので、参考にしてみてください。
村松励（2001）

います。前者の特徴としては「未熟で外向的な反社会性」が、後者では「内向的な非社会性」が特徴です。

薬物非行少年への援助

子どもの薬物乱用といった問題行動は、家族に対し何らかのメッセージを送っていると考えることが可能です。「わが家はどうもうまくいっていない。このままでは崩壊してしまう」といった危険信号（SOS）を発信していると理解するのです。このような考えを**家族システム論**と呼びます[5]。また、予防という観点からは、踏み石仮説を踏まえて、未成年者のニコチンやアルコールの摂取を禁止することを徹底していくことが重要であると思います。その意味で、タバコなどの購入に際して、年齢を確認するというシステムはとても重要です。

薬物乱用者たちの多くは、「自分は、薬物中毒ではない。止めようと思えばいつでも止められる。薬物をコントロールできる」といった「薬物依存の否認」といった心的防衛機制を働かせています。このようなことから、まずは、薬物依存であることを認めること、止めようと思っても止められないという現実を認識することが大切です。そして薬物乱用によって得たものと失ったものを客観的に見つめ直す作業が必要です。そのためには、依存の背景にある個人的な問題を洗い直す、たとえば、人との関係のあり方、生活の仕方、日常生活での態度などを点検する作業が求められます。このような心理的働きかけは、乱用者個人に働きかけるよりは、乱用している人たち（グループ）へ働きかけることのほうが効果的で、少年院や少年刑務所においては**集団心理療法**に基づく援助がなされています。

5　薬物乱用を早期に発見し、家族ぐるみでこの問題行動に対処することが大切です。家族がうまくいくためにはどのようにしたらよいか、少年を含めた家族と一緒に考えていくのです。薬物乱用の期間が長くなってくると、少年たちは親と顔を合わせる機会がぐんと減ってしまいます。親と顔を合わせないために昼夜逆転の生活を送る少年たちも少なくありません。このようなタイプの家族には、まず家族がそろって何かをやるといった介入を試みることが大切です。たとえば、週に一度でもいいから家族が一緒に食事をするといったことです。

●参考書
松本俊彦（2005）『薬物依存の理解と援助』金剛出版

6　性犯罪

誤ったレイプ神話

性犯罪は、被害者に暴力などを行使して直接接触する強姦や強制わいせつから、非接触型の覗きや女性の下着窃盗まで犯行の形態はさまざまです。このような性犯罪をどうして犯してしまうのでしょうか。また、性非行は再犯率が高いこともその特徴の一つですが、なぜでしょうか。

性犯罪の分類

ここでは、性犯罪をつぎの三つに分類してみましょう[1]。攻撃型、性欲対象の異常による倒錯型、性的満足手段の異常による倒錯型です。

攻撃型とは、被害者に対して暴力などを用いて被害者の自由を奪い抑止するタイプの性非行です。この類型の典型的な犯罪は、強姦と強制わいせつです。強姦事件では、単独犯の場合と共犯による「集団強姦（輪姦）」があります。

性倒錯（**性的嗜好異常**）は、性欲対象の異常と性的満足手段の異常とに分けられます。前者はさらに、フェティシズム、服装倒錯的フェティシズム、小児性愛に分類されます。後者は、露出症、窃視症、窃触症、性的サディズム、性的マゾヒズムに分類ができます。性倒錯自体はもちろん犯罪ではありませんが、これから見ていくように、犯罪に結びつきやすい精神疾患です。それぞれの疾患についてみていきたいと思います。

1　安香宏（2008）

フェティシズムにおける性的嗜好異常に多くみられるものは、女性の下着などを性的な興奮のために使用する場合です。犯罪としては、窃盗（下着盗）を犯すことが少なくありません。服装倒錯的フェティシズムは、男性が女装することで性的に興奮するもので、これも窃盗と結びつく場合があります。小児性愛における性的嗜好異常は、子どもを性的活動の対象とするもので、広範囲の犯罪と関連します。たとえば、誘拐、強制わいせつ、暴行、場合によっては殺人に及ぶこともありえます。

露出症における性的嗜好異常は、見知らぬ人に自分の性器を見せて性的に興奮するもので、露出しながら自慰をしたりします。これは公然わいせつに当たります。**窃視症**（のぞき）における性的嗜好異常の対象は、通常は見知らぬ人の裸体を覗いたりすることで性的興奮を得るものです。他人の庭や浴室の窓下に入り込んだりするので、住居侵入となります。**窃触症**（おさわり）における性的嗜好異常の対象は、同意していない人の性器や乳房に触ったりすることで性的に興奮するものです。電車内などで行われることが多く、強制わいせつ、軽犯罪法違反などに該当します。**性的サディズム**では、犠牲者に心理的または身体的苦痛を与えることで性的興奮を得るものです。暴行や傷害、場合によっては殺人に至ることもあります。**性的マゾヒズム**では、縛られたり辱められたりすることなどの苦痛を受けることで性的に興奮を得るものです。犯罪の加害者よりも被害者になる危険性が高いといえます。

性犯罪者の認知の歪み

性犯罪は男性に多い犯罪ですが、その個人的要因としては、性的欲求、パーソナリティ要因に加えて、認知の歪みが指摘されています。ここでは、認知の問題を取り上げてみたいと思います。それは、性犯罪者の処遇を考える点でも重要であるからです。性犯罪者（攻撃型）は、一般に、女性の性に対して歪んだ認知をする傾向があると言われています。その顕著なものは、つぎに示すようなレイプ神話という信念です[2]。

①性的欲求不満――男性は女性に比べてはるかに強く抑えがたい性的欲望を持っているから、レイプはやむを得ないこともある。
②衝動行為――レイプは一時の激情によるものだから、厳しくとがめるべきではない。
③女性の性的挑発――女性の性的魅力に圧倒されてレイプに走ったのだから、女性の側の性的挑発も原因の一部である。
④暴力的性の容認――女性は男性から暴力的に扱われることで性的満足を得るものである。
⑤女性のレイプ願望――女性は無意識のうちにレイプされることを求めている。
⑥女性のスキ――行動や服装に乱れたところがあり、自らレイプされる危険性をつくりだしている女性は被害にあっても仕方がない。
⑦レイプのねつ造――レイプ事件のなかには、女性の都合の悪いことを隠したり、男性に恨みを晴らすためにねつ造したものが多い。

このようなレイプ神話信念を強く抱くことは、犯行を動機づけるだけでなく、罪意識を軽減させ、犯行に対する内的抑制を弛緩させるはたらきがあると言われています。

2　大渕憲一（2006）

性非行と飲酒の影響

ここでは、性非行の状況要因としてアルコールの影響を取り上げてみたいと思います[3]。性犯罪者の半数近くが犯行時飲酒していたというデータがありますが[4]、少年鑑別所に入所した少年においても、単独による強姦、強制わいせつ事件において、強姦では13・6％、強制わいせつでは9・1％に酩酊が犯行の主たる原因であったと報告されています[5]。また、性犯罪者はアルコールやドラッグを使用した状況下では、一時的に衝動を制御できなくなると犯行の原因をアルコールなどに原因帰属する傾向があります。バートルら[6]は、ある研究を紹介するなかで、デート相手をレイプした男性の3分の2は、彼らの暴力を酒の飲み過ぎのせいにし、また、彼らは、デートレイプは性的興奮が高まって理解力を失い、酩酊が相まって引き起こされたと主張し、さらに5分の1はお酒を飲んでいなければけっして攻撃をしなかったと信じていたと述べています。

性犯罪者の処遇

ここでは、法務省「性犯罪者処遇プログラム研究会報告書」（平成18年3月）に基づきながら、性犯罪者の処遇について概観してみましょう[7]。

つぎに述べるようなプログラムの受講が必要と判断された受刑者は調査センターに移送され、調査専門官による**性犯罪者調査**を受けます。調査は、主にリスクとニーズ、処遇適合性の三つに大きく分けられます。最初にリスクですが、具体的には再犯可能性の大きさ、再犯した場合に被害者に与える損害の大きさ、再犯した場合に社会全体に与える影響の大きさなどから判断されます。つぎにニーズですが、六つの要因から性犯罪につながる問題性の程度

---

3 田口真二ほか（編）（2010）
4 山岡一信（1966）
5 上芝功博ほか（1972）
6 Bartol & Bartol（2005）
7 戸川江美（2007）

を判断します。具体的には、「重要な社会的影響」「親密さの欠損」「性的な自己統制」「性暴力を容認する態度」「監督指導への協力」「一般的な自己統制」です。最後に処遇適合性ですが、身体的・精神的問題または日本語能力・知的能力、動機づけのレベル等から判断します。

プログラムの内容

①オリエンテーション――オリエンテーションは、性犯罪の受刑者にプログラムの内容と方法について十分な情報提供を行って受講への不安を軽減し動機づけを高める目的で行われます。

②第1科　自己統制――第1科はプログラムの中核として位置付けられています。具体的には、事件につながった要因について幅広く検討し、特定します。事件につながった要因の再発を防ぐための介入計画（セルフ・マネージメント・プラン）を作成し、効果的な介入に必要なスキルを身に付けさせます。

③第2科　認知の歪みと改善方法――第2科においては、**認知行動療法**[8]の概念を分かりやすく学習させます。認知の歪みが性犯罪を含む不適応的な行動の背景にあり、認知変容と行動変化が連動することを理解させ、行動主体としての意識を持たせて日常生活で実践させることにポイントが置かれています。具体的には、先に列挙したような歪んだ認知が行動に与える影響について理解させ、歪んだ認知の変容をはかり、適応的な思考スタイルを身に付けさせます。認知的再構成の過程をセルフ・マネージメント・プランに組み込ませます。

④第3科　対人関係と社会機能――第3科は、親密な人間関係を構築・維持することにつ

8　心理療法の一つで、特に歪んだ認知を持っていることを意識化させ、その歪んだ認知を修正することを通じて、感情や行動に健全な変化を起こさせるものです。

いて、それに伴う情緒や、求められる対人スキルなどの点から考えさせ、自らの性犯罪にそれらの問題がどのように関係しているかも併せて考えさせるようになっています。具体的には、望ましい対人関係について理解させ、対人関係に係る本人の問題性と性犯罪との関係について気づかせます。そして望ましい対人関係を築くために、必要なスキルを身に付けさせます。

⑤第4科　感情統制 ―― 第4科は、性犯罪を含めた自分の行動を振り返って感情が及ぼす影響を考え、感情統制のスキルを学ばせるようになっています。具体的には、感情が行動に与える影響について理解させ、感情統制の機制を理解させて、必要なスキルを身に付けさせます。

⑥第5科　共感と被害者理解 ―― 第5科では、他者への共感性[9]を養い、性犯罪によって自分が被害者や周囲の人々にどれほどの影響を与えたかを考えられるようになることが意図されています。具体的には、他者への共感性を高めさせ、共感性の出現をうながします。

⑦メンテナンス・プログラム ―― メンテナンス・プログラムでは、今まで学習してきた内容の一層の定着をはかるための復習を行うことになります。出所後の生活状況を具体的に想定し、自己統制計画を点検することに力点が置かれます。具体的には、出所前に、科目1から5で学んだ知識やスキルを復習させ、再犯しない生活を続ける決意をさせて、社会内処遇への円滑な導入をはかります。

9　ここでは、被害者や家族の身になって考えたり、感じたりすることです。

●参考書

田口真二・平伸二・池田稔・桐生正幸（編著）（２０１０）『性犯罪の行動科学 ―― 発生と再発の抑止に向けた学際的アプローチ』北大路書房

7　重大少年事件

共通してみられる特徴

重大事件とは、殺人や傷害致死といった事件です。被害者が死亡に至った点では共通していますが、後者は殺害する故意はないものの、結果として死亡に至ったものです。重大事件の背景にある問題について、家庭裁判所調査官研修所の研究結果[1]を紹介しながら明らかにしたいと思います。分析の対象となったケースは、単独犯が10ケース、共犯によるものが5ケースです。典型的なケースを学際的に分析研究したものです。

単独で重大事件を犯した少年たち

犯罪は、**単独犯**と**共犯**によるものとに大きく分けることができますが、単独犯のほうが少年や家族の抱えている問題も大きく、理解や処遇が困難です。単独犯をつぎの三つのタイプに分けてみることで、さらに問題点を明確にすることができるでしょう。

①幼少時から問題行動を繰り返していたタイプ
②表面上は問題を感じさせることのなかったタイプ
③思春期になって大きな挫折を体験したタイプ

幼少時から問題行動を繰り返していたタイプ

このタイプの少年は、幼児期や小学校低学年から金銭持ち出しや万引きといった問題行動

---

1 庭裁判所調査官研修所（200
1）

や非行を繰り返し、出生後十数年の間に問題が増幅され、いくつかの重要な要因が積み重なって殺人に至った点が特徴的です。このタイプの少年は幼少期から父母や養育者に虐待を受けてきていること、その結果として、少年は否定的な自己イメージを抱いていることが分かりました。母親自身も「産まなければよかった」と口に出してしまったり、子ども自身も「生まれてこなければよかった。自分はだめな人間で愛される価値もない」と思ってしまうのです。

幼少期からの金銭持ち出しといったような問題行動の意味するところの多くは、「愛情欲求不満」の表れであり、周囲の関心を引こうとするものと理解することが可能です。したがって、このような子どもの気持ちを汲んでやって親や周囲の大人が対応することができれば、問題行動は消失していきます。しかしながら、このような問題行動に対してさらに体罰を加えてしまうことが多いのです。重大事件を分析していくと、子どもの問題行動と親の体罰といった悪循環が生じていることが分かったのです。家族は悪循環が生じやすく、いったん出来上がった悪循環は、外部からの介入がない限り解消することは極めて困難です。親に向けられた憎悪の感情は、親に直接向けられることはありません。親に対する恐怖の感情が幼少時より植え付けられているからです。**抑圧**[2]された憎悪の感情は、やがて精神的に不安定な思春期になって、他者に向けられると理解できます。被害者に対して執拗な暴力を振るってしまい、死に至らしめてしまう背景には、この抑圧された憎悪の感情が被害者に向いてしまうと理解できます。

2　無意識的な心理作用で、親やきょうだいに対する憎しみの感情は意識から締め出されてしまいます。

表面上は問題を感じさせることがなかったタイプ

このタイプは、さらに二つに分けることができます。一つは、発達的な偏りが大きく、表情が乏しく他者との生き生きとした関係が持てないタイプで、もう一つは、明らかに精神障害の範疇に入ると見られるタイプです。ここでは、前者のタイプについて見ていきたいと思います。このタイプの少年の第一印象は、表情に乏しく、時には能面のような印象を与えることがあります。若者特有の生き生きした躍動感もなく、喜怒哀楽の感情表現に乏しいのです。周囲から指示されたことには一応従ってやりますが、何事も受け身的で自発性に乏しいことが特徴的です。交友関係でも活発な関係はなく、いわゆる**ギャング・エイジ**[3]も経験していません。思春期に入ってからも、同性だけでなく異性への関心も乏しい傾向が認められます。

このタイプの家族関係の特徴としては、親の少年への期待が強く、少年のほうが親の期待を先回りして取り込みすぎて、子どもらしいありのままの感情を抑えてしまうという特徴があります。言葉を換えれば、自分を殺して生きて来たと言えるでしょう。このような少年は、思春期になると内的世界にこもりがちになったり、攻撃的・暴力的なビデオ、書物などにのめり込んだり、凶器の収集などに興味を抱くようになります。このきっかけは、身近な人の死などが誘因となることが少なくありません。

親しい友人でもいれば、このようなのめり込みにも歯止めがかかりますが、一人ぼっちの少年は、現実とはかけ離れた**幼児的な万能感**[4]に浸ってしまい、征服欲求や攻撃欲求が肥大してしまいやすいのです。

3　小学校の4、5年生になると閉鎖性の強い仲間集団を作り、いろいろな悪戯を楽しむことで「われわれ意識」を形成します。後年の親友を作る基礎となります。

○同性との親密な関係
次に異性

4　自分は何でもできるといった思い上がりです。万能感が大きいほど挫折したときの喪失感、絶望感も大きく、自暴自棄の心理につながります。

思春期になって大きな挫折を体験したタイプ

このタイプの少年には、親の期待にこたえて勉強やスポーツなどで活躍できたため、ちやほやと甘やかされていた者が少なくありません。このような少年が思春期になって親の期待にこたえられなくなるような大きな挫折を体験すると、自分自身のプライドが大きく傷つくことになります。しかも、精神的に未成熟なために、急に精神的に不安定な状態になります。ささいな出来事がきっかけでキレてしまい、自分でもわけが分からないうちに衝動的に殺人などの重大事犯に至るという点が特徴的です。このタイプを俗に「スポーツマン崩れ」などと評することもあります。得意のスポーツが何らかの事情でできなくなってしまったとき、それに代わる目標があればよいのですが、それがない場合は挫折感も大きくなるのです。

　このタイプの少年は、周囲の期待にこたえて勉強やスポーツなどで活躍できるうちは、周囲もほめてくれ自分も得意になっているので、特に不適応は起こさないのですが、それがだめになったとたんに**自暴自棄**になってしまいます。感情も不安定となり、焦燥感が募って周囲に当たり散らすようになります。このタイプの少年の場合、明らかな問題行動が現れ始めるのは思春期以降です。中学、高校と進学するなかで学業、スポーツなどで壁にぶつかったとき、自分の実力のなさがさらけ出されてしまって、人一倍の挫折感を抱くことになります。そして、それまで抱いていた万能感と現実のギャップの大きさに愕然とし、自尊心が深く傷つき、なかば自暴自棄になってしまうのです。このタイプの少年は、はじめから殺人をしようなどという気はなく、ささいな被害者の態度に挫折感や劣等感が刺激され、キレた状態になってしまいます。

　このタイプの家族関係の特徴ですが、親自身の少年に対する思い入れが強く、少年を過大評価し、親にとって都合のよい「よい子」としての少年イメージを作り上げ、それが少年のすべてであると錯覚していると思われます。少年のほうも、親の前ではありのままの自分を出すことができず、親が望む「よい子」を演じ続けなければならないといった悪循環が認められます。

単独少年重大事件に共通して見られる特徴

三つのタイプに共通する特徴について見てみましょう。

①追い詰められた心理――事件直前に、深い挫折感を抱き、あるいは追い詰められた心境になっていて、重大事件を犯す前に実際に自殺を試みたり、自殺を考えたり、周囲に自殺を相談したりしています。自殺未遂の後、生きようが死のうがどちらでもよいという心境になっており、人の命を奪うことへのハードルが極端に低くなっていたと考えられます。

②現実的問題解決能力の乏しさ――知能テストの結果からは、問題が認められませんが、テスト内容を検討すると観念的な思考が目立ち、具体的な解決能力が劣ったり、思考が硬くて視野が狭い、自分のやり方に固執し、一つの考えにとらわれやすい傾向が認められます。

③自分の気持ちすら分からない感覚――他人の痛みが分からないというだけではなく、自分の気持ちを言語化することができません。

④歪んだ男性性への憧れ――男らしさイコール攻撃性といった歪んだ形で男性性のイメージを持っています。現実の男性モデルを身近に見出すことなく、虚構の世界のみに男性性を求めたりするのです。また、ホラー映画などバーチャルなものへの異常なのめり込みと空想

を抱き、気に入った残虐な場面だけを繰り返して見ているうちに、空想が現実を覆いつくしてしまいます。現実感覚があやふやになって、**現実吟味**ができず犯行に至ってしまいます。

集団で重大事件を犯した少年たち

集団事件の場合、最初から殺してやろうと考えて犯行に及んだというよりも、多くのケースでは被害者を殴ったり蹴ったりしているうちに、暴力がエスカレーションして被害者を死に至らしめたというものです。集団で事件を犯す少年たちは、単独犯に比較するとパーソナリティの偏りは少なく、理解しやすいのが特徴です。しかし、共犯といっても、多人数の集団による事件と2人共犯による事件とでは、性質がかなり異なることが分かりました。また、主犯格の少年と従犯格とでは、抱えている問題の質が異なることも明らかになりました。

主犯格の少年が抱える問題

多数集団の主犯格の少年には、度胸があると虚勢を張り、暴力を顕示することで目立ちたい、周囲から認められたいといった承認欲求の強さが窺われます。その背景には劣等感の強さや自信のなさがあり、だからこそ余計に自分の弱さを見せたくないし、自分でも認めたくないといった否認のメカニズムが働いています。虚勢を張ったり、暴力を誇示することで、自分を強く見せ弱小感や劣等感を**補償**しようとしていると理解できます。

主犯格の少年は、離婚や家庭不和などの問題を抱えた不遇な家庭に育っていたり、幼少期から体罰やいじめの被害体験があったり、父母の暴力を目の当たりにしているケースが多く見られます。こうした被害体験を経験した少年は、やがて自らも暴力行為やいじめなどを行う傾向にあります。家庭にも学校にも居場所を見出すことができない少年は、不良の溜まり場などにその居場所を求めていきます。その不良集団の中で積極的に不良文化を身に付けていくのです。先輩や仲間に同一化する過程で、疎外感や被害感を隠蔽することができます。

事件のきっかけは、たまたま被害者と目が合って馬鹿にされたような錯覚や誤認から、衝動的に暴力行為に及んでしまいます。この際、共犯者である仲間の目を意識して強い自分を顕示しようとして執拗な暴力となり、結果として被害者を死に至らしめてしまうのです。

従犯格の少年の抱えている問題

主犯格の少年に比べて、従犯格の少年のパーソナリティの偏りは少なく、一応学校や職場に適応しているようですが、劣等感や不良への憧れが強い傾向が見られます。主犯格の少年のように不良顕示している者に近付き、不良集団に所属し仲間に追従することによって、自分が強くなったような気になってしまうのです。ちょうど、「虎の威を借る」といった表現が当てはまります。このタイプの少年は、小さいころから甘やかされたり放任されたりして、自分の欲求をコントロールする力が育っていません。主体性に乏しく、気ままで、その場の雰囲気に流されやすいなど、被影響性が高いことが特徴です。集団で暴力を振るう際にもその特徴が出ており、調子に乗って主犯格の目を意識しながら暴力を振るいます。事件後は、主犯格のせいにするなど、自分の行為に見合った罪障感を持てないことも特徴です。

集団暴力の特徴

集団事件に共通する特徴についてまとめてみたいと思います。

①ささいな偶発的なきっかけから事件に至る。
②被害者には落ち度はなく、明らかに弱い立場にある者が被害者となっている。
③被害者が土下座して哀願しているにもかかわらず、執拗で容赦のない暴力が振るわれ続ける。
④罪障感の乏しさが顕著である。共犯者同士で責任をなすりつけ合ったり、ささいな言動や表情など被害者の落ち度を強調したりする。

なぜ歯止めがきかないのか

集団心理が働いて暴力に歯止めがかからなくなった原因を考えてみましょう。

①集団としての統制がとれていない。お互いに疑心暗鬼で暴力による優劣をつけようと躍起となっている。
②暴力が集団の日常の目的になってしまっている。
③他のメンバーを強く意識している。
④暴力によって優越・支配欲求を満足させようとしている。
⑤暴力によって弱小感や劣等感を隠蔽しようとしている。哀願する被害者に過去の弱々しい自分を見ており、それを払拭するかのように暴力が振るわれる。
⑥事件直近に暴力の被害を受けたりしている。

●参考書
家庭裁判所調査官研修所（2001）『重大少年事件の実証的研究』財団法人司法協会

8　非行臨床

アセスメントと介入

非行臨床とは、非行を犯した少年の更生を目的とした心理臨床の諸活動の総体を意味します。援助の対象は少年のみならず、家族も当然含まれると理解してよいと思います。非行臨床に携わる人たちは、国家公務員や地方公務員といった身分である者が多く、明確に規定された法律[1]や規則のもとで臨床活動をしています。このような法的制約は、権力や権威を背景にした非行臨床の場合、その活動を狭めるというよりも、少年や家族に対して権利を保障し、臨床に安定をもたらすものと理解できます。

非行臨床におけるアセスメント

非行臨床における**アセスメント**とは、単なる非行性の深化の査定ではなく、少年とその家族の援助のために彼らが本来持っている解決能力や自己治癒能力について査定することです。

アセスメントは、「非行行動」「人格・発達」「動機」「家族」の四つの領域を中心に行うのが一般的です。特に中学生・高校生による非行についてアセスメントをする際には、これに、「学校・地域社会」を加えることが重要となってきます。

非行行動のアセスメント

最初に非行行動の意味を理解する視点を提供する**自己治癒仮説**について考えてみたいと思

1　少年法、少年院法など。

います。この仮説は、薬物非行を理解する際に有効なもので、有機溶剤や覚せい剤などの薬物を自己投与することで、自己の精神症状（たとえば、不安、抑うつ、焦燥感など）の改善をはかろうとするという考えです。この仮説は、薬物非行のみでなく、**初発非行**[2]や、特に年齢の低い触法児童の触法行動を理解するうえで重要な視点を提供することになります。たとえば、親から盗んだお金で友だちに奢ってしまうケースは少なくありません。このようなケースの場合、児童の抱えている心理的な問題は「一人ぼっち」といった孤立感や寂寥感です。友だちに奢ることでこの心理的な問題を何とか解決しようといった自己治癒としての「あがき」を見ることが可能です。反社会的な行動を「自己治癒仮説」の観点から見ることは、非行行動の意味を考え、援助の手立てを考えていくうえでとても大切なことなのです。

児童自立支援施設で児童の指導経験の豊富な相澤は、「問題行動とは、その人自身にとって、置かれている環境で生きていくためにはそうせざるを得なかった行動である、と理解することができよう」と述べています[3]。被虐待のような逆境のなかで精一杯生き延びるために身に付けざるを得なかった対人パターンの歪みが、社会生活上の対人関係に軋轢を生じさせてしまいます。それは、時には粗暴な対人非行として表出されます。

人格・発達のアセスメント

人格・発達のアセスメントでは、**親密性**[4]の発達に注目したいと思います。特に、同性の仲間集団にスムースに加入できたかどうか、男子でいえばサッカーや野球チームなどへの加入です。また、同性、同年齢との一対一の親密な関係の体験ができたかどうか、いわゆる、親友の存在です。孤独な非行少年にはこのような親密な関係性が育っていないからです。同

2　その人が最初に犯した非行という意味で、親のお金の持ち出しや、万引き、自転車盗が典型的なものです。

3　相澤仁（1998）

4　親密性は、アメリカの精神科医であるサリバン（1892-1949）が対人関係の発達のなかで重視したものです。

性との親密な関係性を経て、やがて異性との交際へと発展していくと考えられます。

動機のアセスメント

動機を二つに分けて考えてみたいと思います。一つは**達成性の動機**です。この動機に基づく犯行は、達成すべき目的が明確です。たとえば、物欲や性欲を満たす、怨恨を晴らすといったものです。もう一つの動機は、**コンサマトリー性の動機**と呼べるもので、スポーツのようにある経験のプロセスを楽しむようなものと理解することができます。たとえば、所持金があるにもかかわらず、誘われるままに犯行に加わってしまう場合です。お金よりも共犯者との仲間意識や連帯意識を保つことが優先されるのです。最近では、達成性の動機に基づく非行が少なくなってきた分、動機の理解が困難な非行が増えて来たといえるのではないでしょうか。

家族のアセスメント

家族をアセスメントする際重要なことは、家族内での被虐待経験の有無です。**虐待**は身体的虐待、養育放棄（ネグレクト）、心理的虐待、性的虐待の四つに分類されています。国立武蔵野学院の調査[5]によれば、1999年に全国の児童自立支援施設に入所している児童（1605名）の6割が虐待を受けた子どもであることが判明しました。その内訳は、身体的虐待が約35%、養育放棄が約32%、心理的虐待が約29%、性的虐待が約5%でした。少年院でも同様の調査がなされ、少年院在院者2354名（男子2125名、女子229名）の虐待経験の実態調査[6]によると、約半数の少年（男子49・6%、女子57・1%）が何らかの虐待

5　国立武蔵野学院（2000）

6　松田美智子（2001）

を親から受けており、その内訳は比較的軽度な身体的虐待（男子42・0％、女子48・6％）、ひどい身体的虐待（男子27・9％、女子35・3％）、養育放棄（男子5・0％、女子8・3％）、性的虐待（男子0・6％、女子4・4％）でした。二つの施設の調査項目の虐待の種類に相違はあるものの、50～60％の児童、少年が虐待被害の経験者であることは注目すべき事実です。家庭内における被害者が、その後社会内において加害者になっていくのですが、もちろん被虐待が非行の原因のすべてではありません。虐待を受けていても非行化しない子どもも、多く存在するからです。

学校・地域社会のアセスメント

中学生や高校生の非行では、学校や地域社会のアセスメント、特に学校生活に適応しているか否かが重要となります。具体的には、遅刻や欠席の有無、部活動への加入、成績などを見ることでアセスメントが可能となります。また、地域社会ではその地域の健康度が重要となります。繁華街にあって犯罪発生率の高い地域であるのか、経済的レベルはどうなのかといった点です。

非行臨床における面接技法

臨床における面接が単なる雑談と異なる点は、面接者の意図が明確であるからです。非行臨床における面接の意図は、つぎの三つに集約されます。

①少年、家族との支持的関係の構築を意図した問い。

②アセスメントのための問い。
③少年や家族への介入のための問い。

面接経過を時系列的に見ると，①，②，③の順に従って推移します。初回面接や初期では①に重点が置かれ，つぎはすでに述べた②のアセスメント，そして③へと進んでいきます。①の支持的な関係の構築とは，少年や家族の主体性，積極性が尊重され発揮されることを目指すことになります。支持的というと相手に迎合するような誤解を与えかねませんが，少年や家族が自分たちの問題解決に向けての主体性を高めることを意味します。主体性が尊重され発揮されて初めて，アセスメントの問いも生かされてきます。つまり，アセスメントのための質の高い情報を得ることが可能になってきます。介入はできるだけ最小限にとどめたいものです。最小限という意味は，援助者側が侵襲的，操作的に振る舞うことを抑制するということです。再犯の危険性が高い状況では，強力な介入が必要となってきます。

家族への具体的な介入

触法児童のように年齢が低ければ低いほど，家族機能の回復が子どもの非行からの回復に直結すると考えられます。家庭にも学校にも自分の「居場所がない」と訴えるケースは少なくありません。**居場所**とは心理的な空間であり，「居場所がある」とは自分が受け入れられていると感じられることです。

どのような介入が家族の機能を高めるのでしょうか。ここでは「居場所」作りのためのいくつかのアイディアを，家族システム論の立場から提案したいと思います。まずは，家族構成員が行動レベルで共にやれることを提案することです。たとえば、必ず家族そろって食事をする。週に一回でも実行可能な範囲で提案してみる。家族の行事（誕生日や祝い事）を捉えて家族の凝集性（まとまり）を高める介入を計画する。ケースに応じて母子関係、父子関係に介入する。母と娘と一緒に料理を作る、父親と息子で釣りに出かけるなど実行可能なことを提案することは、家族の意欲を高めると同時に家族構成員の自己評価の向上につながります。

司法臨床の視点

最近、非行のみならず、児童虐待や夫婦間暴力（DV）といった司法機関が深く関与するケースが増加しています。家庭裁判所と、児童相談所、保護観察所、少年院、学校、病院、その他多領域の機関との協働によって実現する臨床的な実践として、司法臨床という立場が強調されることがあります[7]。この点からも、非行臨床を司法臨床の一つとして位置付けておく視点は大切です。

7　廣井亮一（2007）

●参考書
生島浩・村松励（編）（2007）『犯罪心理臨床』金剛出版

9　社会内処遇と施設内処遇

保護観察と少年院

非行や犯罪を犯した人に対してどのように処遇をして、再犯を防止するかといったことは、犯罪心理学にとってとても重要なテーマの一つです。非行や犯罪を犯した人の心理を理解すると同時に、再犯を防ぐといったことは、犯罪被害者のみならず裁判員制度で関与する可能性のある一般市民にとっても大きな関心事です。ここでは、**社会内処遇**として保護観察について、**施設内処遇**として少年院を取り上げてみたいと思います。ちなみに施設内処遇としては、少年院の他に児童自立支援施設などがあります。

保護観察

保護観察とは、犯罪をした者や非行のある少年に対し、通常の社会の中で生活させながら、その人に一定の約束ごと（遵守事項と呼びます）を守ることを義務付けて、これを守るように指導・援助を行うことによって、その改善更生と再犯防止をはかる社会内処遇です。遵守事項には**一般遵守事項**と**特別遵守事項**の二つの種類があります。前者は具体的には、一定の住居居所、正業従事、善行保持、犯罪性のある者や素行不良者との交際を禁止するなどです。後者は、犯罪者や非行少年の抱えている問題に対応した個別的な遵守事項で、たとえば、在学生のような場合には学校に通うこと、共犯者との交際を絶つこと、暴力団事務所に出入りしないことなどです。

保護観察の主な対象は、①家庭裁判所において保護観察の決定を受けた少年で、原則として20歳に達する期間ですが、20歳までの期間が2年未満のときは決定のときから2年間となります。②少年院に送致された後、地方更生保護委員会の許可決定により、少年院を仮退院した少年で、原則として少年院を仮退院した日から20歳に達するまでの期間となります。③懲役刑など実刑となった後、地方更生保護員会の許可決定により、刑事施設を仮釈放になった者で、原則として仮釈放となった日から残刑期間が満了するまでの期間となります。④裁判所において保護観察付き執行猶予の判決を受け、その判決が確定した者で、判決確定日から執行猶予の期間が満了するまでの期間となります。少年は、このうち①と②となります。ここでは主に少年を中心に述べてみたいと思います。

国家公務員である**保護観察官**は、無給の国家公務員資格で民間篤志家である**保護司**と協働しながら保護観察の実施に当たります。保護観察になった少年は定期的に保護司のもとを訪問し、あるいは保護司の家庭訪問による面接を受けることになります。保護司は僧侶であったり元教員であったりなど地域で信頼の厚い人が多く、社会的貢献を厭わない素晴らしい人たちです。全国で約5万人います。なかには、ＢＢＳ[1]などの活動を経験してから保護司になる人もいます。これに対して保護観察官は約１０００人です。この「官民協働」が保護観察の大きな特徴といえます。

保護観察官による処遇の実際

保護観察官は、保護観察に付された少年や保護者に対して面接調査をし、保護観察実施計画を立てることになります。担当となった保護司が毎月数回少年や保護者と面接し、生活状

1　ＢＢＳとは、ビッグ・ブラザーズ・アンド・シスターズの頭文字をとったもので、地域社会において非行少年の更正の援助をするため、その良き兄や姉のように接することからこの名称が与えられています。

況を把握し、実施計画に沿った指導や援助を行い、月ごとの経過を書面で保護観察所に報告します。保護観察官は、その経過報告に基づき、実施計画どおりに保護観察が実施されているか否か、実施計画を見直すとすればどのように具体的に変更していくかなどを随時検討していくことになります。不幸なことに、少年が遵守事項に違反し、再犯に至ったような場合には、少年院に収容することなども当然検討されることになります。もちろん一定期間、生活態度も安定し、遵守事項がきちんと守られ再非行の危険性がないような場合には、保護観察の終了（保護観察の解除など）を検討することになります。

もう少し、具体的に保護観察官の処遇の実際を見ていくことにしましょう。保護観察官は、社会内処遇の専門家として、主につぎのような処遇活動を行っています[2]。

①調査・アセスメント・処遇実施計画策定――保護観察官は、家庭裁判所や少年鑑別所などにおいて作成された社会調査記録や鑑別結果通知書などを精査する一方、少年や保護者と面接して、非行に至った動機、その背景にある生活上の諸問題（少年のパーソナリティ・家族関係・交友関係・地域環境など）について調査します。少年や家族が抱えている問題を明確にすると同時に立ち直りに活用できる少年の内的資源、社会的資源を明確にし、社会内処遇を行っていくうえでの実施計画を立てることになります。

②ケースの管理――保護観察官は一人で多くのケースを担当しています。たとえば、常時100件前後の保護観察ケースに加えて生活環境調整（少年院などの矯正施設に入っている者の帰住先の調査・調整）を100ケース担当しているということもあります。このように多数のケースの問題点を把握し、適切な管理を行う能力が求められています。また、少年の抱

2　押切久遠（2008）

える問題に適した介入のためのグループワークなどに誘導することも大切な役割です。

③指導・援助――ここで求められるのは、ケースワーク、カウンセリング、心理療法などの多様な理論と技術です。一般のカウンセリングの対象であるクライエントと異なって、非行少年は自らの問題を何とか改善しようといった**治療動機**が低いことが特徴です。この傾向は、保護者においても同様で、特に養育放棄などの虐待をする保護者に当てはまります。したがって援助のための「関係作り」が重要となってきます。また、自己や他者の生命を軽んじるような行為に対しては少年の意に反した働きかけが必要で、「対決」する場合も少なくありません。また、援助は保護観察所のみで完結される場合は少なく、福祉、医療、ハローワーク、ＮＰＯなどの関連機関との連携が重要となってきます。家族とどのように連携するかも大切で、疲弊しきった保護者を味方につけることが肝要となります。

保護司による処遇の実際

少年は、決められた日時に保護司宅を訪ね、保護司の面接を受けることになります。この際のテーマは、先ほど述べた遵守事項がきちんと守られているかどうか、また、少年が不安なこと、心配なことをざっくばらんに保護司に相談することになります。以前付き合っていた共犯者とばったり道で遇ってしまい誘われた、薬物の売人から電話が入ったなど、よくある問題の一つです。保護司は少年のみならず、保護者の相談にも乗ります。最近、子どもの帰宅時間が遅くなってきて心配である、せっかく勤めた勤務先を上司と喧嘩して辞めてしまい、仕事についていないなども、典型的な心配事の例です。面接の多くは保護司宅の居間、客間、応接室などで行われることが多いようです。少年との信頼関係をいかに構築するかが重要な点となります。非行少年の場合、大人から裏切られた体験を持つものが多く、大人への対人不信感を抱いているからです。そのようなことから、保護司は面接に際して、つぎのような点について心がけています[3]。

①対象者の話をよく聴くこと――これは、**傾聴**といわれることで、面接の基本です。説教したくなる気持ちを抑え、傾聴することが関係作りの始まりです。
②和やかな雰囲気を作ること――面接において非言語的なものはとても重要です。少年は相手の醸し出す雰囲気を敏感に察知し、信用できるかどうか見極める能力がとても高いからです。
③対象者のよい点をほめること――ほめられた経験が極めて少ない少年にとって、ほめられるといった経験はとても重要な意味を持っています。自尊感情が高まる経験につながるからです。
④対象者の問題点について気づかせること――少年が抱えている問題点を一方的に指摘するのではなく、少年自身が自発的に気づくように援助することです。少年の自発性、主体性を尊重することで、積極性、能動性が発露されるのです。

保護司の人間性に感化される少年も少なくありません。昼夜を厭わない誠心誠意な対応が、少年の立ち直りにつながるのです。また、保護観察官と保護司の信頼関係も大切です。保護司が少年や保護者の指導に行き詰まっている際には、保護観察官の適切なケース指導が必要となるからです。

3　法務総合研究所（2005）

少年院における矯正教育

少年院は、家庭裁判所において審判の結果、少年院送致の決定がなされた少年を収容する施設です。少年院の種別としては、初等、中等、特別、医療の4種類に分かれており、収容されている少年はつぎのように異なっています。

①初等少年院――心身に著しい故障のない、おおむね12歳以上おおむね16歳未満の者
②中等少年院――心身に著しい故障のない、おおむね16歳以上20歳未満の者
③特別少年院――心身に著しい故障はないが、犯罪傾向の進んだおおむね16歳以上23歳未満の者。ただし、16歳未満でも、受刑者は収容することができる。
④医療少年院――心身に著しい故障のある、おおむね12歳以上26歳未満の者

少年院の処遇は、四つの種類だけでなく、少年の特性に応じて処遇課程など（処遇区分、処遇課程、処遇課程の細分）が細かく設定されています。収容期間で見ると、3ヵ月未満の特修短期処遇、6ヵ月未満の一般短期処遇、10ヵ月以上の長期処遇といった処遇区分が定められています。それぞれの処遇はさらに細分化がされていますが、対象少年の特性に応じて分けて処遇するといった分類処遇がなされているからです。

分類された処遇課程では、原則的には集団生活を中心にしながら処遇が実施されます。多くの少年院では20名から30名程度の寮集団を一つの単位として、そのなかで、個々の少年の抱える問題性に応じて、個別的な処遇が展開されています[4]。

---

4 工藤弘人（2008）

少年院における処遇の中核をなすものは、**矯正教育**です。具体的には生活指導、職業補導、教科教育、保健・体育、特別活動の五つの領域にわたり、指導が行われます。また、心身の障害が原因で社会生活に適応できない少年に対しては、医療が施されます[5]。

①生活指導――生活指導においては少年の抱える問題に対して面接指導、作文指導、日記指導、**ロールレタリング**（**役割交換書簡法**）を用いて改善指導を試みます。具体的には、非行にかかわる意識、態度および行動面の問題、資質、情緒などの問題、基本的生活習慣、遵法的・自律的生活態度及び対人関係に関する問題などです。

②職業補導――少年院で実施している職業補導の主な種目は、溶接、木工、土木建設、建設機械運転、農業、園芸、事務、介護サービスなどです。出院後、社会生活に適応していくためには、何らかの資格や免許を取得しておくことは大切なことです。

③教科教育――義務教育未修了者および高等学校教育を必要とし、それを受ける意欲が認められる少年に対しては、学校教育の内容に準じた教科教育が実施されています。

④保健・体育――保健に関しては、少年院の医師などが少年の入院前の非行内容や生活態度などを考慮しながら、疾病予防の知識や健康管理能力を向上させるための指導がなされています。

⑤特別活動――少年は、自主的活動として日直、図書係、整備係、レクレーション係などの役割を担当することにより、自主性、協調性などの涵養を目指しています。院外教育活動としては、福祉施設でのボランティア活動や近隣の公園、公共施設などの清掃・美化活動などを行う少年院もあります。

5　法務総合研究所（２０１０）

非行少年の場合、保護者との関係がうまくいっていないことが少なくありません。親子関係の調整をどのようにはかっていくのかは、重要な課題です。少年が在院中に関係の改善のための試みがなされています。たとえば、保護者の面会の機会を捉えて関係性の調整をはかったり、運動会や文化祭などの催事に保護者の参加を呼び掛けるなどですが、問題の多い家庭の保護者は面会に来ないことも少なくありません。現場では、保護観察所を通じて、家族関係の調整を試みるなどの工夫がなされているのです。

試験観察

保護観察や少年院送致は、家庭裁判所における審判の最終処分ですが、この決定を一定期間猶予し、その期間中に少年の非行性をアセスメントしたり、保護的措置を加えながら**家庭裁判所調査官**が指導することを試験観察といいます。少年が自宅で生活しながら試験観察を受ける場合を在宅試験観察と呼び、適当な施設や団体に補導を委託する場合を補導委託による試験観察と呼びます。試験観察中に再犯があったりした場合には、少年院送致など保護処分がなされますが、問題が解消し再犯の危険性も乏しい場合には不処分で終決することも多くあります。

●参考書
小林寿一（編）（2008）『少年非行の行動科学 ―― 学際的アプローチと実践への応用』北大路書房

10　非行とパーソナリティ障害

非行・犯罪を繰り返す人の理解

犯罪心理学では、非行や犯罪を繰り返す人は、何らかの**パーソナリティ障害**が非行・犯罪の要因の一つとして考えられるのではないかと仮定しています。具体的には、どのような障害が考えられるのでしょうか。このような仮説を設定することで、非行・犯罪を繰り返す人の理解を深めることが可能となります。

パーソナリティ障害

パーソナリティとは、広い意味での人間の行動に時間的、空間的に一貫性を与えているものと定義されています[1]。ここで言うところの広い意味での行動とは、具体的な振る舞い、言語表出、思考活動、認知や判断、感情表出、嫌悪判断などを意味します。時間的一貫性とは、多少の変化や波があっても、時間の経過によって変化することがあまりないことを意味します。空間的一貫性とは、多少の違いはあっても、ある場面や状況で変化することは少なく、かなり共通した特徴が認められるという意味です。

パーソナリティ障害の定義については、アメリカ精神医学会の『ＤＳＭ-Ⅳ-ＴＲ　精神疾患の診断・統計マニュアル　新訂版』[2]を参照してみましょう。マニュアルでは10種類のパーソナリティ障害の類型をあげていますが、その類型に共通する全般的な診断基準はつぎのとおりです。「その人の属する文化から期待されるものより著しく偏った、内的体験お

1　神村栄一（１９９９）

2　American Psychiatry Association (2000)（高橋三郎・大野裕・染矢俊幸（訳）２００３）

よび行動の持続的様式」。ここで重要な点は、著しく偏っている点、しかも一過的なものではなく、持続的であるということです。パーソナリティに柔軟性が乏しく、非適応的で、著しい機能障害または主観的苦痛が引き起こされます。これは、統合失調症などの精神疾患や薬物（たとえば、麻薬、覚せい剤など）の使用によるものではありません。この内的体験および行動の持続的様式は、以下の二つ（またはそれ以上）の領域に現れます。

①認知（すなわち、自己、他者および出来事を知覚し解釈する仕方）── 非行や犯罪を繰り返す人の認知の典型的な歪みをあげてみましょう。歪んだ**自己認知**とは、たとえば、自分はろくな人間ではないといった否定的な自己認知がよく見られます。また、歪んだ**他者認知**とは、客観的な根拠もなく他者が自分に攻撃を仕掛けているといった悪意を邪推する認知です。被害的な認知と呼んでよいと思います。

②感情性（すなわち、情動反応の範囲、強さ、不安定性、および適切さ）── 非行や犯罪を繰り返す人の感情性の典型的な歪みをあげてみましょう。たとえば、怒りの反応なども極めて強いのです。それは、認知の歪みが背景にあることが分かるでしょう。

③対人関係機能 ── 歪んだ認知を持っていれば、それが対人関係にいろいろな障害が起きることは、容易に想像ができます。友人との関係や職場での人間関係も極めて不安定なものになり、関係は持続しません。

④衝動の制御 ── **衝動のコントロール**の弱さに端的に現れます。流行りの言葉でいえば、「キレ」やすいということです。客観的には、ささいなことでもすぐに激高し、暴力行為などに及ぶことになります。

非行・犯罪に関連するパーソナリティ障害

マニュアルでは、10の類型のパーソナリティ障害をあげていますが、このうち特に非行・犯罪に関連するパーソナリティ障害（境界性パーソナリティ障害、反社会性パーソナリティ障害）を取り上げてみたいと思います。

境界性パーソナリティ障害（診断基準の訳語は注［2］による）

境界性パーソナリティ障害は、対人関係、自己像、感情の不安定および著しい衝動性の広範な様式で、成人期早期までに始まり、種々の状況で障害が明らかとなるものでつぎのような基準のうち五つ（またはそれ以上）によって診断されます。診断基準に即しながら説明をしてみましょう。

①現実に、または想像の中で見捨てられることを避けようとするなりふりかまわない努力――これは、「見捨てられ不安」を隠蔽するための常軌を逸した努力のことで、うそも平気でつくことになります。無意識的に他者を操作しようとする行動をとることがあり、周囲はうんざりさせられる羽目となります。

②理想化とこき下ろしとの両極端を揺れ動くことによって特徴づけられる、不安定で激しい対人関係様式――これは、対人認知の不安定さと極端な認知として現れます。たとえば、素晴らしい人と認知した同一の対象を何らかのきっかけで極端に価値下げし、ろくでもない人などと平気で言いますので、周囲の者は驚かされるのです。

③同一性障害（著明で持続的な不安定な自己像または自己感）―― これは、「自分がない」といった言葉で表現できます。

④自己を傷つける可能性のある衝動性 ―― 具体的には、浪費（たとえば、高価な毛皮を買って、気にくわないとポイと人にやってしまうなど）、性行為（たとえば、出会い系サイトなどの利用によるもの、安定した異性との関係が持てません）、物質乱用（覚せい剤、有機溶剤、大麻などの使用）、無謀な運転（無免許運転、信号無視、スピード超過運転など）、むちゃ食い（過食、嘔吐を伴うこともあります）で、このうち二つの領域にわたるもの。

⑤自殺の行動、そぶり、脅し、または自傷行為の繰り返し ―― 自傷行為としてよく見られるものは、リストカットです。薬物を使用しながらやるような場合、生命の危険性が危ぶまれます。

⑥顕著な気分反応性による感情不安定性 ―― たとえば、通常は2～3時間持続し、2～3日以上持続することはまれな、エピソード的に起こる強い不快気分、いらだたしさ、または不安です。気まぐれ、場当たり的な感情の発露によるために、周囲は不安や不愉快な気分に巻き込まれることになりますが、感情の爆発的な発露の後はケロッとしているので呆気にとられます。

⑦慢性的な虚無感 ―― 生まれてこなければよかったという言葉を平気で吐露することがあり、聞くほうにも強い虚無感が伝播してくることがあります。専門家でないと、この深い虚無感はなかなか共感したり理解することが困難なところがあります。

⑧不適切で激しい怒り、または怒りの制御の困難 ―― しばしば癇癪を起こす。いつも怒っている。取っ組み合いの喧嘩を繰り返す。怒りだすと止まらない、手がつけられない状態と

なりなります。

⑨一過性のストレス関連性の妄想様観念または重篤な解離性症状――これらの症状は、①の「見捨てられ不安」への反応として一過的に生じるのが特徴で、症状の持続時間は短いのが特徴です。

境界性パーソナリティ障害の病因としては、幼少時における性的虐待や身体的虐待の既往が高率に認められることが指摘されています。また、診断基準からもすでに分かるように、薬物事犯や売春などの性犯、粗暴犯に馴染みやすいパーソナリティ障害です。

反社会性パーソナリティ障害（診断基準に関する訳語は注［2］による）

診断基準を項目列挙しませんが、診断基準を要約すると、他人の権利を無視、侵害する反社会的行動パターンを反復、持続するという特徴があります。反社会的行動パターンとは、逮捕の原因となるような行動で、しかも15歳前に素行障害（非行）の発症が認められます。再犯を繰り返すので、前歴（非行歴）や前科も多くなります。また、パーソナリティの側面ですが、彼らは衝動的で向こう見ずであり、社会生活上極めて無責任で不安定です。罪を犯しても良心の呵責が欠如し、罪悪感が生じにくく、しかも、自分の行為を正当化したり、被害を与えた相手に対して無関心ですらあります。

反社会性パーソナリティ障害の病因としては、被虐待経験のような養育環境の要因と遺伝的要因が深く関係していると考えられています[3]。反社会性パーソナリティ障害に境界性パーソナリティ障害が併発しているような場合には、犯罪の方向性は薬物事犯、性犯、粗暴

3　Rowe, D. C.（2002）

犯、財産犯といった多種方向に向かうものと思われます。これは「非行類型と犯罪類型」で取りあげた吉益の犯罪生活曲線から見ると、「早発・持続型・多種方向」といった類型に当てはまります。

注意をしなければならないことは、反社会性パーソナリティ障害の診断基準項目の多くは、過去の犯罪歴や問題行動の有無から成っており、定義そのものが同語反復的であるという点です[4]。このことは素行障害についても同じことが当てはまります。また、反社会性パーソナリティ障害とか素行障害と診断しただけではなんの解決にもなりません。たんなるラベリングに過ぎなくなってしまうからです。つまり、パーソナリティ障害に至るプロセスを生活史や家族関係などから解明していくことが重要です。なんらかの障害を見つけだし、ラベリングすることは理解や援助につながらないということです。治療や援助につながらない診断は、単に彼らを排除することになってしまうからです。

4 松本俊彦（2007）

●参考書

橋本和明（2011）『非行臨床の技術 ── 実践としての面接・ケース理解・報告』金剛出版

11　分化的接触理論と漂流理論

非行・犯罪は学習される

犯罪の実証的な研究は、イタリアの医学者であるロンブローゾ[1]に始まったとされます。彼は、生まれ持った素質により犯罪者となるべく運命づけられた人間が存在しているという説を打ち立てました[2]。これを**生来性犯罪者説**と呼びます。

非行・犯罪は学習される

このような考え方に対して、アメリカの犯罪学者のサザーランドとクレッシー[3]は、犯罪性は生まれつき備わっているものではなく、**学習**[4]に基づくものであると主張しました。サザーランドとクレッシーは、社会組織の分化に伴って、一方は遵法的な集団へと、他方は犯罪的なサブカルチャーとに分化し、後者に接触した人が犯罪者となるとして、**分化的接触理論**[5]を提唱しました。その理論に基づいて、人はどのように犯罪者になっていくのかについて、つぎの九つの命題を提示しました。

①犯罪行動は学習される――学習の対象となる多くは、手口です。たとえば、自動販売機荒らしや車上狙いといったやり方は、非行仲間の間ですぐに伝達されます。

②犯罪行動は、コミュニケーションの過程のなかで学習される――犯罪行動の多くは、他者とのコミュニケーションのなかで学習されますが、もちろんマスメディアを介したマスコ

1　チェーザレ・ロンブローゾ Cesare Lombroso（1835－1909）イタリアの精神科医、犯罪人類学の創始者。

2　彼は大勢の犯罪者を実際に診察して、彼らの体格や身体的・心理的特徴を調査し、犯罪者には普通の人にはない変質徴候が高率に認められると信じたのです。
福島章（1982）

3　Sutherland, E. H. & Cressy, D. R.（1960）（平野龍一・所一彦（訳）1964）

4　学習というと、勉強を連想するかも知れませんが、心理学でいう学習とは経験による行動の変化を意味するので、犯罪も学習されると考えます。

5　differential association theory

ミュニケーションでの学習もあります。**模倣犯**と呼ばれる犯行はその例の一つです。

③犯罪行動の学習の主要な部分は、親密な私的集団の中で行われる――家庭や学校に居場所がない者同士がいわゆる溜まり場などで知り合い、似たもの同士といった感覚が親密性を助長し、手口は言うに及ばず、犯行が発覚しにくくなるような巧妙さも学習していきます。**薬物非行**などは、入手の仕方や使用の方法などが学習の対象となります。

④犯罪行動が学習される場合、犯罪行動の技術のみならず、特殊な動機、衝動、合理化、態度などの特定の方向づけの学習が含まれる――犯罪行動には、手口のみならず、犯行後の言い訳や、合理化といった防衛機制も含まれる点を見逃してはいけません。また、動機も学習の対象となります[6]。

⑤この方向づけの学習は、法を肯定するか否かによって、異なった方向に学習される――たとえば、見つからなければ犯罪を犯してもよいとか、仮に見つかったとしてもたいしたことはないといった方向での学習が非行や犯罪を繰り返すことは、容易に理解ができます。

⑥法に違反することが好ましいとする考えが、違反を好ましくないとする考えをしのいだとき、人は犯罪者になる。人が犯罪者となるのは、犯罪的文化と接触したためであり、非犯罪的文化から隔絶されたためである――ここでいう犯罪的文化とは、具体的には、犯罪組織集団に属する者や不良仲間との交友関係であったり、反社会的な行為を助長するような情報に接するということです。

⑦分化的接触は、頻度、期間、優先順序、強度の点で犯罪行動の学習の仕方や程度を異にする――犯罪的文化と接触すると一口に言っても、その程度には個別的な差異があることは容易に想像されます[7]。急速に非行化していく者は、その頻度、期間、強度などの点で著

6　マスコミで「誰でもよかった。自殺できなかったので、人を殺して死刑になりたかった」などと報道されると、そのようなことが引き金になってしまう人もいるのです。

7　学校をさぼって毎日のように不良仲間と非行を繰り返す者もいれば、家出して暴力組織関係者の所に寝泊まりする者もいます。

しいのです。

⑧犯罪行動の学習過程には、他の非犯罪行動の学習に含まれるメカニズムが見られる――犯罪行動の学習に特殊な学習過程が存在するわけではなく、遵法行動の学習に共通する学習過程が存在するのです。

⑨犯罪行動は、一般的な欲求や価値観の表現であるが、非犯罪行動も同じ欲求や価値観の表現を目指していることから、欲求や価値実現という面からは犯罪行動を説明することはできない――欲求や価値の実現といったものは、犯罪行動や非犯罪行動に共通するもので、犯罪行動にのみ特異的なものではないのです。

分化接触理論の欠点としては、同じように犯罪文化に接触していても、犯罪者になる者と犯罪者にならない者との説明ができない点です。確かに「朱に交われば赤くなる」といいますが、赤くならない場合もあります。クラスで万引きが流行っていても批判的な生徒もいるのです。この欠点を補う理論が、グレーザー[8]の**分化的同一化理論**です。

分化的同一化理論

グレーザーは、犯罪的文化に「接触」するだけでなく、犯罪集団や犯罪者に**同一化**することで犯罪行動を学習していくのだと主張します。ここで言うところの同一化とは、アイデンティフィケーションの訳語で、「同一視」と訳されることもあります。発達の過程で、自分にとって重要な人物の属性を自分の中に取り入れる過程を意味します。したがって、どのような人物と同一化するかが一つの分岐点になります[9]。思春期にどのような対象に同一化

8　Glaser, D.（1956）

9　いつかは自分もイチローのような野球選手になりたいと強く思う人もいますし、平気で信号無視をしながら暴走行為を繰り返す暴走族を見て、「格好いいな、いつかは自分もやりたい。特攻服を着たい」と憧れる人もいます。こういう人は、暴走族への同一化がなされているわけです。また、同じ暴走族を見ても、「馬鹿だな。いつかは怪我をするか逮捕されるぞ」と思えば同一化はなされません。

するかは、こころの発達上極めて大切な事柄です。思春期に犯罪行為が増加する要因の一つは、反社会的な行為者への憧憬が強く作用しているからだと考えられます。

漂流（ドリフト）理論

マッツァ[10]は、つぎのような考え方を提案しました。非行少年は必ずしも非行サブカルチャーにどっぷり漬かってしまっているのではなく、非行することに罪の意識を持っており、規範に背いて非行行動を選択する背景には、自分たちの行動を正当化する**中和の技術**[11]を用いている。彼らは常に逸脱的な非行副次文化に身を置くのではなく、合法的な価値体系に従って生活しているが、時には反抗するといったいわば**漂流（ドリフト）**していると理解します。たとえば、暴走族は普段は配管工や塗装工などをしながら働いていますが、第3土曜日になると月一回暴走行為をやるのであって、連日暴走行為をするわけではなく、仕事を持って社会生活を送っています。非行少年はつぎのような中和の技術を使うことで、罪の意識をあいまいにしているのです。このような独特な技術も学習されることは、すでに述べたとおりです。

①自己責任の否定——自ら進んでやったのではなく、仕方なくやったのだ。
②加害の否定——損害は誰にも与えていない。
③被害者の否定——むしろ悪いのは被害者のほうである。
④非難者への非難——自分のことを非難する資格があるのか。
⑤高度な忠誠心への訴え——仲間への忠誠心からやったのだ。

---

10 Matza, D.（1964）（非行理論研究会（訳）1986）
11 Sykes, G. M. & Matza, D.（1957）

●参考書
E・H・サザーランド、D・R・クレッシー／平野龍一・所一彦（訳）（1964）『犯罪の原因』有信堂

12 社会的絆理論
人はなぜ犯罪を犯さないのか？

非行や犯罪を繰り返す人がいる一方で、多くの人たちは生涯犯罪とは無縁で過ごします。犯罪心理学では「人はなぜ犯罪を犯すのか」といった疑問に答えようといろいろな理論や仮説を構築してきたのですが、アメリカ合衆国の犯罪社会学者であるトラビス・ハーシは、「人はなぜ犯罪を犯さないのか」といった逆の問いを立てました。ここでは、ハーシの理論について検討しましょう。

ハーシの理論には、人は誰でも犯罪を犯す可能性があるという前提があります。つまり、犯罪者と非犯罪者を連続的に捉えているのです。彼は、個人と遵法的社会を結ぶ絆を**社会的絆**（**ソーシャル・ボンド**）と呼び、これが弱められたり、断ち切られたりすると、個人は犯罪に陥ることになると考えました。社会的絆とはどのようなものか、具体的に示したいと思います。彼によると、社会的絆は、つぎの四つの要素から構成されていると考えられます。

アタッチメント（愛着）

ハーシがここで述べている**アタッチメント**という概念は、愛着[1]と訳されることが多いのですが、心理学で使われている母子関係におけるアタッチメントよりも広義の概念です。分かりやすくいえば、こころの絆といってよいでしょう。このアタッチメントはつぎの三つから構成されています。

1　「愛着」とは、狭義には「乳幼児が特定の人（多くは母親）との密接な関係を求める傾向やそれらの人がいることによって安心する傾向」を指します。

①両親（家族）へのアタッチメント――親が心理的な意味でこころの中に存在していることを意味します。捜査段階や審判の過程で、警察官や裁判官から「犯罪をやる前にこんなことをしたらお母さんやお父さんが悲しむだろうと思わなかったか？」ときかれて、犯行に至る前に親の顔が目に浮かぶといった場合、アタッチメントという絆が存在していたと考えられます。非行を繰り返す少年のなかには親からの虐待を受けてきた人も少なくありません。このような場合、親とのアタッチメントが形成されていないか、弱いと考えてよいのです。

②学校へのアタッチメント――学校での勉学や、部活などに成功や満足感を抱いていることです。毎日、学校に行くのが楽しいといった人が非行に陥ることは少ないと考えられます。

③仲間へのアタッチメント――友人の存在、特に思春期に特有の親友の存在です。単独犯で重大事件を犯した多くの少年たちが孤立していたことを思い起こせば、この絆がいかに大切であるか容易に分かると思います。一人でも悩みを共有できる友人がいたら、犯行に至らなかったのではなかろうかと思われるケースが少なくありません。

アタッチメントは、社会的絆のなかでも最も重要なものとされています。

コミットメント（努力・投資）

この、**コミットメント**という概念は、努力や傾倒、投資などと訳されています。もし犯罪や非行などの逸脱行為をすれば、それまでやってきた努力が水の泡となってしまいます。せっかく努力して得てきたものをすべて失ってしまうといった恐れであり、「もったいない」といったよい意味での打算感覚といってよいものです[2]。

2　具体的にいえば、つまらない事件を犯して学校を退学になったり仕事や信用を失うことはもったいない、割に合わないといった損得勘定です。この損得勘定が適切に働けば、非行には陥らないという考えです。

インボルブメント（多忙・巻き込み）

インボルブメントとは、社会生活を送るなかで、何かに夢中になったり深く関与するという意味です。日常生活のさまざまな活動に参加することによって、社会や集団とのつながりを持つことといってよいでしょう。青年期には勉強のみならずスポーツや音楽などの趣味に熱中したり、夢中になることが大切です。逆にいえば、暇や退屈感は非行性を助長することになるのです[3]。

ビリーフ（規範意識・信念）

ビリーフとは、法律や規範の正しさを信じ、尊重するといった意味です。見つからなくても悪いことは悪いといった規範への素朴な信頼感のことです。ビリーフという絆が弱くなり、見つからなければいい、見つかるはずがない、見つかってもたいしたことはないといった考えが強まると非行性を助長することになります[4]。

社会的絆理論への批判

この理論に対するいくつかの批判について、つぎに述べてみたいと思います。

①社会的絆を構成している四つの概念が重複していて区別がはっきりしない――たとえば、仲間の部員と一緒に部活に夢中になっていることが絆となっているような場合、学校へのアタッチメントなのかインボルブメントなのかはっきりせず、両方であるように思えます。

3　具体的にいえば、中学校などの生徒指導では、できるかぎり部活を勧めるのは暇をつくらないということでもあり、時間を持て余すようなことがないようにします。これは、非行の予防策でもあるといえます。

4　非行が発覚してよく少年たちは「見つかるとは思わなかった」と平気で述べたりしますが、規範への素朴な信念という絆の弱さがあるからです。このビリーフが形成されていれば、たとえ万引きなどの誘いが仲間からなされたとしても、断固として断ることができるのです。

②この理論は、万引き、自転車盗や恐喝といった比較的軽微な非行には適用可能であるが、たとえば、恨みに基づく重大事件には適用が及ばないのではないか――絆が形成されていても、絆を切ってでも敢えて犯行に至ることもある場合があります。

③社会的絆が弱いから非行をするといった考えは不十分であって、非行を犯すから絆が弱くなってしまうといった相互作用として捉える必要があるのではないか――非行を繰り返すことで家族や友人から愛想を尽かされるということがあるからです。

社会的絆理論の非行臨床への応用

批判はあるものの、この理論は非行の再犯防止や予防を考えるうえで、大きな示唆を与えてくれると思われることから、最後にこの点をまとめておきましょう。

非行臨床[5]の実践は、ハーシのいうところの社会的絆の再構築を目指すことになります。特に、年齢が低い少年ほど、親や家族とのアタッチメントは重要です[6]。また、少年院などの施設内処遇においてもこの点を絶えず考慮に入れておかなければ、保護観察といった社会内処遇への効果的な橋渡しはできないでしょう。このような観点から少年院に在院中に、少年と家族との密接なかかわりを重視し、保護者会や運動会などの行事への参加を保護者に積極的に働きかけています。また、実際の家庭を模した家庭的雰囲気が漂う「家庭寮」と呼ばれるところで、親子水入らずの宿泊面会などが試みられているのです。また、保護観察においても家族への積極的な働きかけを重視し、家族療法的なアプローチが試みられています。

5　少年の更生を目的とした心理臨床の諸活動。

6　刑務所で大きな成果をあげていると言われる「内観」は少年院においても実施されていますし、これは、親を心理的に内在化することの重要性を示唆するものです。非行臨床における基本的な援助はアタッチメントの構築に他らないと思います。内観は吉本伊信（1916～1988）によって開発された自己探求法ですが、心理療法として有効であることが見出されました。

●参考書
トラビス・ハーシ／森田洋司・清水新二（監訳）（1995）『非行の原因――家庭・学校・社会のつながりをもとめて』文化書房博文社

13 「犯行（非行）深度」理論

社会化と非行・犯罪の関係

社会心理学者である安倍淳吉[1]が提唱した犯行（非行）深度に関する考えを紹介します。犯罪者や非行少年の犯罪性や非行性がどの程度深まっているのか、非行性を病気にたとえれば、軽症なのか重症なのかその程度について、われわれは具体的にはどのように考えたらよいのでしょうか。

犯行・非行の深度

安倍は**ソーシャライゼイション**（**社会化**）の程度と犯行・非行の関係を明らかにしようと試みました。社会化とは、自分が成長し生活する家庭、学校、近隣社会、職場などに受け入れられ、影響を受けながら自分の所属する社会の習慣、規範（法律や文化基準）を自分自身の内的基準として身に付けていくことです。所属する社会の価値観を取り入れていく過程でもあります。社会化機能の大切な役割を果たす家庭、学校、近隣社会を**保護領域**と呼びます。

安倍は、犯罪と犯行・非行について**深度**という概念を使用します。一般的には、進度という場合もありますが、深度という概念を使用する場合には安倍の理論に従っていると考えてよいのです。犯行・非行の深度をアマチュア的段階とプロ的段階に大きく分けることができます。前者は**第Ⅰ深度**（**アマチュア段階**）と**第Ⅱ深度**（**プロ・アマ段階**）からなります。後

1　安倍淳吉（1978）

者は**第Ⅲ深度（アマ・プロ段階）**と**第Ⅳ深度（プロ段階）**からなります。深度に応じて生活空間の中心が犯行・非行とのかかわりのなかで、保護領域（家庭、学校、近隣社会）から反社会的集団へと移行していくという考えです。保護領域とは、まさに保護されている空間という意味であり、子どもは保護者、学校の先生や近所の人たちに守られて育っていくからです。アマチュアに比較してプロが矯正可能性に乏しいこと、再犯の危険性が高いことが考えられます。また、幼少年期、青年期、成人期、老年期によって各段階の犯行形態はそれぞれ異なりますが、ここでは非行が多発する青年期の深度に焦点を当ててみたいと思います。

第Ⅰ深度（アマチュア段階）

家族、学校、近隣社会といった保護領域内で非行が発生する段階です。この段階では、犯罪によって生計の維持をはかることなく、犯罪のプロ的技術やプロとの交際は認められません。被害者も近隣社会などの保護領域に存在し、見知った者がその対象となります。加害者も、万一発覚しても家庭裁判所に送致され審判に付され、少年院や少年刑務所に送致されることはありません。

この段階の典型的な非行として考えられるものは、つぎのようなものです。家庭内における非行としては、家庭内暴力、家財持ち出し（親のお金を盗む）などです。学校内おける非行は、対生徒暴力、対教師暴力、器物損壊などです。近隣社会における非行としては、近所の店からの万引き、自宅近くでの自転車盗などです。保護領域内の非行に対しては、保護領域における統制によって対応が可能な段階にあります。家庭内暴力であれば、子どもと同時に保護者に対する指導によって対応が可能ですし、学校の指導体制を強化することで校内非行の抑制が可能となります。

この段階にある非行としては、中学生非行を考えてよいと思います。多くの少年たちはこの第Ⅰ深度で非行から足を洗って立ち直っていきますが、一部の少年がつぎの第Ⅱ深度に非行性を深めてしまうことになります。

第Ⅱ深度（プロ・アマ段階）

この段階の非行少年の生活空間は、基本的には第Ⅰ深度と同じように保護領域に依存しています。家出をしても長期間、家を離れることは少なく、不良仲間の溜まり場に留まる程度です。また、学校をさぼることはあっても中退に至ることは多くありません。仮に、中退したとしても、アルバイト程度の仕事には就くことになります。しかしながら、第Ⅰ深度に比べると手口はやや専門化し、被害者は加害者の住居地区以外の場所、盛り場などの保護領域を越えるようになります。この段階では、犯罪を職業としたり、稼業の意識、アンダーグラウンドへの所属性は認められず、プロ的段階にある者との現実的な付き合いはありません。犯行の抑制や矯正には保護領域による統制の範囲を越え、第Ⅰ深度とは異なって司法機関の介入が必要となってきます。ケースによっては、保護観察などの在宅処遇ではすまされず、少年院などの収容による矯正教育が必要となってきます。

この段階の典型的な非行としては、ひったくり（窃盗）や恐喝などです。ひったくりは共犯でなされることが多く、一人がオートバイを運転し、後部座席の者がひったくるといった手口です。被害者が転倒して負傷するなどの危険性の高い非行です。このような非行は住居地域や近隣社会といった保護領域で行われることはなく、近隣社会を離れた匿名性の高い地域で行われます。住居地域で犯行がなされれば容易に発覚しやすいからです。これは恐喝においても同じです。

第Ⅲ深度（アマ・プロ段階）

この段階の者は、プロ的犯行の周辺にいますがプロではありません。犯行によって生計を立てようとします。生活空間は保護領域から離れて独立しており、プロ犯行者との明確な人間関係または集団所属性を持つに至ります。当然、手口は専門化されプロの手口が学習され始めています。専門的犯行の見習い期にあると解されます。組織経済犯などの末端を担うこともあります。

この段階の者は、司法機関による統制によってのみ抑制が可能となります。少年院や刑務所といった施設内での処遇が選択されます。少年院も初等少年院ではなく、より非行性が深化した者を処遇する中等少年院や特別少年院が選択されることになります。少年院の矯正教育の目的としては、つぎのプロ段階への移行を阻止することになります。

そのためには、社会の受け皿が必要で、まずは就職先の確保が出院後の成り行きを決定します。この段階の非行としては、覚せい剤など薬物の売人の手先になったり、「振り込め詐欺」の末端をやるようになり、背後には組織的犯罪者集団がいます。

第Ⅳ深度（プロ段階）

自分がプロ犯罪者であるといった自覚があり、明確な組織的犯罪者集団への所属性を持つと同時に、その中核を担おうとすることで特徴づけられます。青年期ではこの段階に至ることは極めてまれですが、成人では伝統的職業犯罪者がその典型です。当然、犯行の手口も専門化されてきます。この段階では、前科も多くなり再犯の危険性も高いことから施設内処遇のみが選択され、処遇期間も長期化します。

非行深度と自我の安定度

村尾[2]は、安倍の犯行（非行）深度に自我の安定度を加えて、非行性を二つの軸の関数として図13-1のような二次元的非行性理解の枠組みを提示しています。自我の安定度をつぎの三つに分けます。まずは、自我の安定度を比較的安定（A）と不安定に、不安定をさらに極めて不安定な**前エディプス的反抗**（C）と不安定な**エディプス的反抗**（B）とに分けます。前エディプス的反抗とは、あまり耳慣れない言葉ですが、反抗のための反抗といった極めて未成熟な自我の状態で、訓戒や注意といった指導は通用せず、むしろそのような指導に対しては被害者意識すら抱いてしまいます。エディプス的反抗になると、なぜ反抗しているかの言語化が可能になります。また、周囲の訓戒や注意に耳を傾けることができるようになります。比較的安定といった自我の状態は、年齢相応の発達をしていると考えてよいと思います。

具体的なケースに当てはめる際には、非行深度がⅠで自我の安定度はCであるといったように見るのです。つまり、ⅠCと表記します。ⅡC、ⅡBといった組み合わせも考えられます。しかし、自我が極めて不安定で未成熟である深度Ⅳというのは、現実的には極めてまれでしょう。組織に所属する以上、ある程度の社会化がなされていないと加入できないからです。ⅠCの典型例は、家庭内暴力をあげることができます。家庭内で親に反抗しているよう

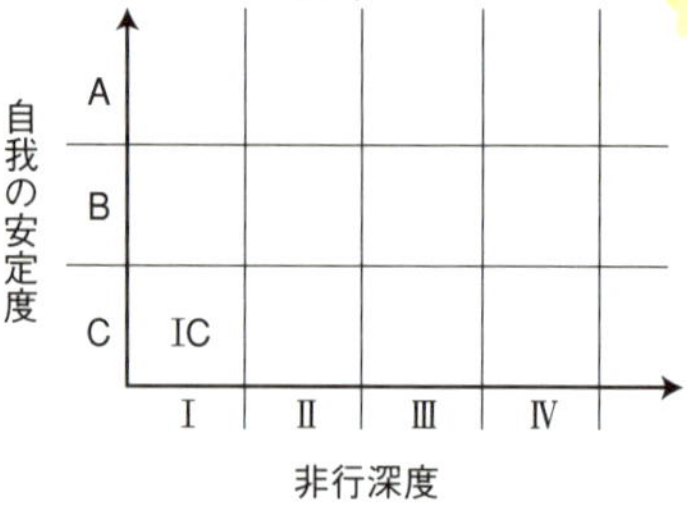

図13-1　非行深度と自我の安定度

2　村尾泰弘（1994）

なケースの場合、反抗のための反抗であって、何に対して不満であるのかきちんと言語化できないことが多くあるからです。また、自我が比較的安定しているような場合、深度Ⅲに移行することはまれであると考えられます。

非行深度のプロセス

ここでは、安倍の理論を少し離れて非行性を深めていく個人差について考えてみたいと思います。多くの非行少年が第Ⅰ深度で非行性を収束し、立ち直っていくのですが、非行性を深めてしまう少年もいます。時に家庭が安心・安全感を保障しないような機能不全に陥っている場合には、家庭や学校といった保護領域から離脱し、保護領域外に生活の中心を移すことが考えられます。家庭や学校から疎外された少年たちにどのような生活の場を提供することが可能でしょうか。非行深度の考え方と社会的絆理論を統合して考えてみると、非行性の深化を防ぐための方略のヒントがそこにあると思います。

●参考書
石田幸平・武井槇次（編）（1984）『犯罪心理学——青少年犯罪者の生活空間と類型論』東海大学出版会

14 非行動機

非行にかりたてたもの

常識では考えられないような非行や犯罪が起きた場合、私たちは犯行の真の動機について知りたいと思います。理由なき非行であるとか動機なき殺人と言われると不安が喚起されます。動機をどのように理解し、どのようにしたら真の動機に至ることが可能なのでしょうか。

動機とは

心理学では、人が行動を起こした場合、その行動を起こさせるように推進させるものがあるとし、これらを**動因**と**誘因**に分けて説明します。前者は行動が生起するために必要な内的状態であり、後者は行動を生起させる外的条件です。たとえば、飲食行動は、空腹感（動因）と食物（誘因）に基づいています。行動の生起にはこの二つが必要で、これらを総称して**動機**と呼びます。動因の一つに**欲求**があります。欲求は、さらに生理的欲求と社会的欲求に分けられ、生理的欲求は空腹、性、睡眠などわれわれの生命維持に欠かすことができないものです。社会的欲求は、達成、依存、承認、攻撃など後天的に学習されたものと考えられます。

非行動機を考える際、このような階層や種類を念頭に置かなければなりません。特に、社会的欲求を問題にすれば、その人の過去から将来にわたる時間的な広がりや複雑多岐にわたる対人関係を探っていくことになり、その動機の理解や解釈は、必ずしも一つに収斂されるとは限りません。

目的動機と理由動機

社会学者のシュッツは、動機を行為の目的を指す主観的な**目的動機**と、過去の経験によりある行為に至ったと解釈する客観的な**理由動機**とに分けます。前者は非行を犯した少年が自己報告する動機です。たとえば、「誰でもよかった。死にたかった。殺人を犯せば死刑になると思った。」などの供述は、目的動機に相当します。後者は有識者などが少年の生活史などを過去にさかのぼってパーソナリティ要因や環境要因から犯行の理由を説明した動機です。たとえば、パーソナリティ要因としては、何らかのパーソナリティ障害が認められ、環境要因としては、貧困に加えて慢性的な家族内葛藤が認められる。このような要因が絡み合って少年の認知や感情などを著しく歪め、犯行へと駆り立てたのではなかろうか。つまりは、仮説的な理解であって、理想的には、目的動機と理由動機の重なりや一致が大きいほど、より精確な動機理解に至るといえます。

動機の理解のプロセス

非行動機を確かめていくためには、非行を犯した本人に尋ねてみるしかなく、その作業に妥当性を持たせるためには、彼の話を傾聴する人が必要となります。人は、他者に受け入れられて初めて自己の存在を確認することができ、内面を表現したところで相手から返ってくる言葉をもとに、もう一度自己の内面に聞くといったこと（自問自答）を繰り返していると、あるとき、何かが見えてきて、自分の行為の意味がつかめてくるのです。非行動機の探索も同様に、それが客観的な事実として存在するものではないだけに、非行を犯した当の少年とその行為の意味を理解しようとする大人との相互交流の中から、彼が内省を深め検証を繰り返して、確認・合意されるものです。その際、少年の自覚する目的動機と、少年にかかわる大人が理解した理由動機がなるべく合致することが、動機の妥当性を高める条件となるのです[1]。

犯行動機としての「恨み」の心理について

犯行動機として最もよく想定されるものの一つが**恨み**です。恨みとはどのような心理でしょうか。ここでは、郷古[2]の研究に基づきながら考えてみたいと思います。まずは、恨みの定義から見てみましょう。恨みとは、①相手の仕打ちに不満を持つ（他人の仕打ちを不当と思う）。②しかし、表立ってやり返すことができない（仕返しできない）。③それで、相手の真意は何であるのか分からないまま、相手の仕打ちに執着し、じっと相手の本心や出方を窺う（忘れずに気にかける）。④隠忍の末、仕返しをはかる。

この恨みの心理というものは、じつはつぎに見るとおり、「甘え」[3]の心理と深く関係しています。①の相手の仕打ちに不満を持つことには、相手に対する「甘え（依存欲求）」が隠されています。この甘えを相手に察してもらえず当てが外れ、その結果、しゃくにさわるといった被害感情であるといえます。②の「表立って」というところが重要で、陰にこもってしまうのは、無意識的に相手を恨みの対象であると同時に、甘えの対象として見ているからと理解できます。③の受け身的であるがゆえに、相手の出方を窺うのですが、この執拗さ

1　石毛博（1994）

2　郷古英男（1978）

3　土居健郎の『甘えの構造』など「甘え」に関する精神分析的論考は、犯罪心理を考える際、重要な手がかりを与えてくれます。
土居健郎（1971）

（恨みがましさ）は、恨みを動機とした犯行の大きな特徴であると思われます。④はまさに、恨みの行動化です。恨みを晴らす行為です。甘えの挫折であるので、甘えが強かった分、満たされなかったときの恨みも大きいのです。恨みは、直接その対象への攻撃という形で仕返しがはかられるとは限らず、**代理的対象への置き換え**が見られることが少なくありません。例えば、家庭で親から虐待を受けていたような場合、直接親に恨みを晴らすといったことはまれです。親と学級担任とを同一視して恨みが担任に向くような例もあります。対教師暴力などの理解にはこのような視点が重要となってきます。

恨みの動機による非行事例

非行事例を紹介しながら、放火の動機としての「恨み」について理解を深めたいと思います。

自宅を全焼させたA子（犯行時15歳）は、継母に対する積年の恨みについて堰を切ったように激しく動機について語りました。

「私が4歳のとき、母親（実母）は私と父親をおいて家を出て行ってしまった。悲観した父親は自殺を試みたが、未遂で終わった。その後、父親は親戚の強い勧めもあって見合い結婚した。私が小学校に上がるころだった。私は自分に新しいお母さんができるのだと思って一人ではしゃいでいた。母親（継母）は3歳の男の子を連れての再婚だった。私はいつも〝おかあさん〟〝おかあさん〟といって新しいお母さんの傍にべったりしていた。あるとき、そのお母さんから、〝そんなにおべっかなんか使わなくてもいいんだよ〟と冷たい口調で言われた。私は何もおべっかなんか使っていやしないと言いたかったけど、言葉にならなかった。それからというもの、一度も〝おかあさん〟と呼んではいない。母親のほうも私の前で、わざと自分の連れ子を可愛がるようになった。わざとらしさが見え見えだった。中学になって何度も家出をした。できるだけ遠くに家出した。新幹線を使うこともあった。警察に補導されると父親が引き取りにきたが、父親には自分の気持ちを話せなかった。何か困ることがあると自殺してしまいそうな弱い人だった。私をおいて自殺をはかるような人には相談できません。」[4]

A子は何度も家出を繰り返したことで、児童相談所の一時保護所に入ることになりました。「何も悪くない私が何でこのような所で惨めな思いをしなければならないのか。あいつ（継母）はのんきにしていやがってと思ったら、絶対に許せないと思った」と、放火の動機を語りました。

A子の言葉からも明白なように、まさに「恨み」の動機に基づく非行であると思われます。A子が新しいお母さんへの期待を抱き、甘えようとしていた気持ちは痛々しいほど分かります。「おべっかなんか使わなくていい」といった継母の対応はまさに「仕打ち」であり、連れ子をこれ見よがしに可愛がる態度もそうです。このような仕打ちに対して、当然不当だと内心強く思ったものの、言い返すことはできませんでした。表立ってやり返すことができないA子は、家出を繰り返すことで抗議します。しかしながら、事態をますます窮地に追いやってしまいました。継母の仕打ちに執着し、児童相談所の一時保護で自分の自由が拘束されたことで、一気に仕返しをはかることになったと理解できます。

4　本事例は生島浩・村松励（編）（1998）『非行臨床の実践』（金剛出版）のなかで取り上げ考察を加えたものです。

「恨み」を動機とした非行の場合、成育歴で注目されることは、子どもらしく甘えるという体験を持なかったことです。A子は父親が再婚するまで父方の祖父母に預けられますが、寂しい思いをして過ごしています。周囲には頑固で気の強い子と思われていましたが、じっと我慢することで適応する術を身に付けてきたと思われます。A子は受け身的でもあります。何度も家出をすることで、相手が察してくれるのをじっと待っていたのです。継母に対する強いアンビバレント[5]な感情が背景にあったからと思われます。

理解しにくい非行動機

非行動機を理解するためには当の本人に尋ねてみるのがよい訳ですが、広汎性発達障害などを抱えている場合、動機の理解は困難になる場合が少なくありません。発達障害が非行の原因ではありませんが、つぎのような特徴を持っています[6]。①犯行動機に関する本人の供述が常識ではどうしても考えにくく奇妙である。例えば「殺人を経験してみたかった」（2000年5月、愛知県豊川市の主婦殺人事件）などである。②性非行であっても羞恥心がなく事細かに犯行について供述する。③犯行が見つからないような工夫をしないとか、犯行後逃げようとしない。④事件や余罪などの供述に際して、事実を隠蔽しようという意図が見られない。⑤同一現場または同一付近での非行の反復（強迫的傾向）といったものです。

5　同一の対象に対して相反する感情などを抱くこと、たとえば、愛と憎しみなどの強い感情が併存するような心理状態を指します。

6　藤川洋子（2008）

●参考書
郷古英男（1978）『「うらみ」の心理』大日本図書

15　被害者学と被害者支援

被害者も当事者

　1948年にヘンティヒ[1]が著書『犯罪人とその被害者』の中で「犯罪発生原因としての被害者」に関する科学的な研究の必要性を強調し、1956年にメンデルソーン[2]が「被害者学」という名称を提唱したのが、**被害者学**の始まりであるとされています[3]。

被害者学とは

　被害者学とは、被害者に関するいろいろな問題を科学的に研究する学問です。被害者学の草創期においては、被害者になりやすい人の特性などに関する研究が主なものでしたが、その後被害者の心理の理解、被害者支援活動や被害者のこころのケアのための基礎的な研究へと発展してきました。わが国でも1995年1月17日に発生した阪神・淡路大震災や同年3月に起きた地下鉄サリン事件などをきっかけに、自然災害や犯罪の被害者への関心は高まりを見せ、被害者への支援と同時に研究も盛んに行われるようになりました。

犯罪被害者の心理

　犯罪被害による精神的影響に関する調査の結果から、被害者の多くが精神的な症状に悩まされていることが判明しました。そのうち最も多く見られるものが、**外傷後ストレス障害**（posttraumatic stress disorder：**PTSD**）といわれるものです。症状についてアメリカ精

1　ハンス・フォン・ヘンティヒ
Hans von Hentig

2　ベンジャミン・メンデルソーン
Mendelsohn, B.

3　渡邉和美（2005）

神医学会の『DSM‐Ⅳ‐TR 精神疾患の診断・統計マニュアル 新訂版』[4]の診断基準に沿いながら見てみましょう。

外傷とは、生命の危険にさらされ重傷を負うような事件に遭遇するなどの過酷な体験によるこころの傷を指し、**心的外傷**とか**トラウマ**とも呼ばれます。外傷後ストレス障害は、このような強い恐怖体験が元になって引き起こされる精神的な疾患です。外傷後ストレス障害の主な症状としては、つぎのようなものがあります。

①再体験症状――事件に関する不快で苦痛な記憶が、悪夢やフラッシュバックとして繰り返しよみがえります。また、ささいなきっかけで事件のことが思い出されたときの気分や気持ちの動揺、動悸などの身体反応も起きます。

②回避・精神麻痺症状――事件についての話題などを極力避けようとします。以前のように日常の活動や趣味に関心がなくなり、他人を避けようとします。感情が麻痺したようで、愛情や幸福感などの感情が生じにくくなります。

③過覚醒症状――寝つきが悪くなり、睡眠時間も短くなって、いらいらして怒りっぽくなり、怒りを爆発させてしまいます。ちょっとした物音などの刺激にも敏感になり、精神的緊張が高まった状態になります。

また、このような主な症状に加えて、自責感や卑小感を持つようになると指摘されています[5]。典型的な自責感としては、「このような事件にあったのは、私が気をつけなかったからだ」というもので、また、卑小感としては、「私はだめな存在だ」といったものです。

4 American Psychiatry Association (2000)

5 大山みち子(2007)

被害者支援

トラウマ体験を聞くということは、とてもデリケートな問題を孕んでいます。性犯罪の被害者（女性）に男性の捜査官が事件について聴取するような場合、そのこと自体が二次的なトラウマ体験を生じさせる危険性があります。被害者支援では、同性のセラピストが対応することが多いのは、この二次的被害を回避するためでもあります。また、残虐な話を聞くということは、セラピストにとっても二次受傷としての一種のトラウマ体験にもなる場合があります。具体的な援助にあたっての、**心理教育**の要点をあげておきましょう[6]。

①トラウマによるストレス反応について説明し、知的に理解してもらうことで、症状に対する対処能力を高める。

②症状が「異常な事態に対する正常な反応」であることを伝え（ノーマライズする）、不安を鎮める。

③トラウマ体験によってもたらされた罪責感、恥辱感など否定的な感情も、トラウマにまつわる普通の反応であることを説明する。

④時間の経過とともに症状は和らいでいくことを伝える。また、本来自分に備わっていた健康な機能の回復に努めるようにうながす。

心理教育は、早い段階で家族に対してもなされる必要性があります。被害者がトラウマ体験を克服し、外傷後ストレス障害を回復するためには、被害者と援助者との信頼関係の構築が重要となります。

6
飛鳥井望（2006）

●参考書
松下正明（総編集）（2006）『犯罪と犯罪者の精神医学』中山書店

パート・2

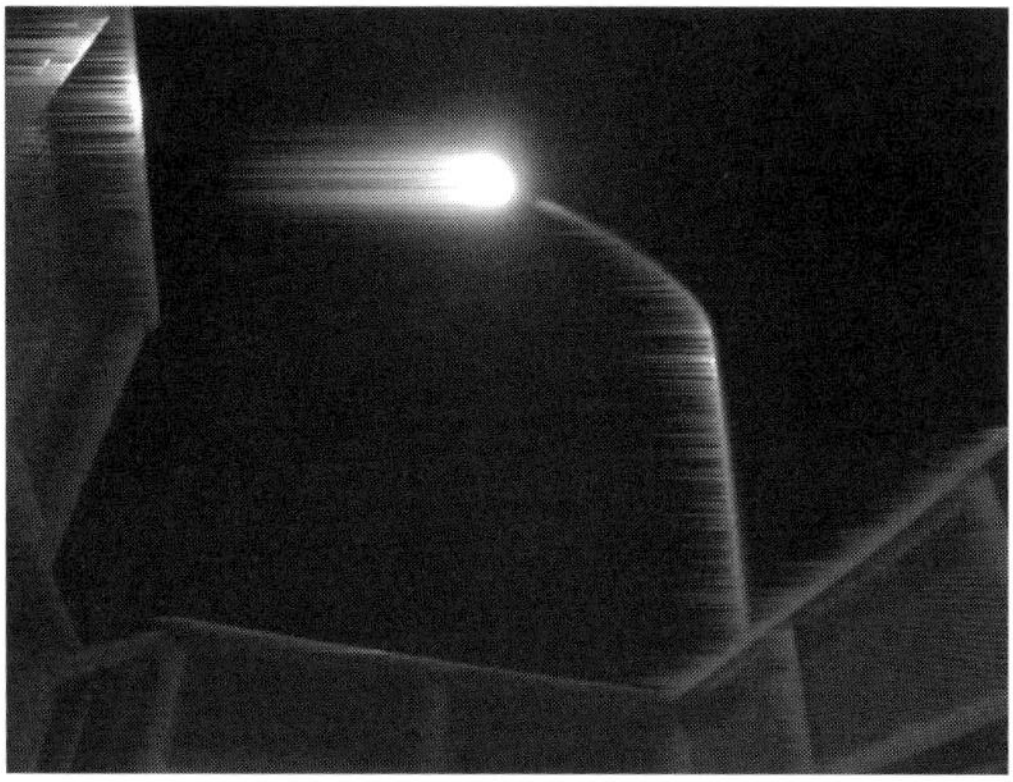

犯罪・捜査

16　気温と暴力犯罪

「長く暑い夏」に起こること

高温多湿が不快なのは確かですが、はたして暴力犯罪と結びつくのでしょうか？　高温多湿が**対人評価**に与える影響[1]についての実験的な研究があります。この研究では、生活している環境が快適であると他人に好意を持ちやすく、暑苦しい環境では他人に対する気持ちも嫌悪的になると予測しました。この実験の環境条件を見てみましょう。

実験に用いられた部屋は、8×10×9フィートの標準的な実験室です。暑苦しい環境としては、おおよそ摂氏38度、湿度60％の高温多湿条件、快適な環境としては、摂氏23度、湿度30％の適温適湿条件でした。結果は、全体の気分や暑さ、意欲度、集中度などで、高温多湿条件の実験参加者のほうが悪い成績を示しました。いちばん肝心な物理的環境の違いによる対人好意度への影響については、未知の人への好意度を態度調査によって調べています。その結果、高温多湿という悪い環境では、仮定したように、全体的に非好意的になることが分かりました。

しかし、これは実験室の研究です。また好意度では、「暴力犯罪」との関連がどうなのかは分かりません。

こういうときに、**現実のデータ**[2]が役立ちます。１９５５年から１９９５年のアメリカのデータですが、時系列、線形年[3]、貧困、人口年齢の影響を統計的に除去しても、気温と暴力犯罪に関係があることが分かりました。ただし、この関係は窃盗という犯罪にはない

1　Griffitt, W.（1970）

2　Anderson, C. A. Bushman, B. J. & Groom, R. W.（1997）

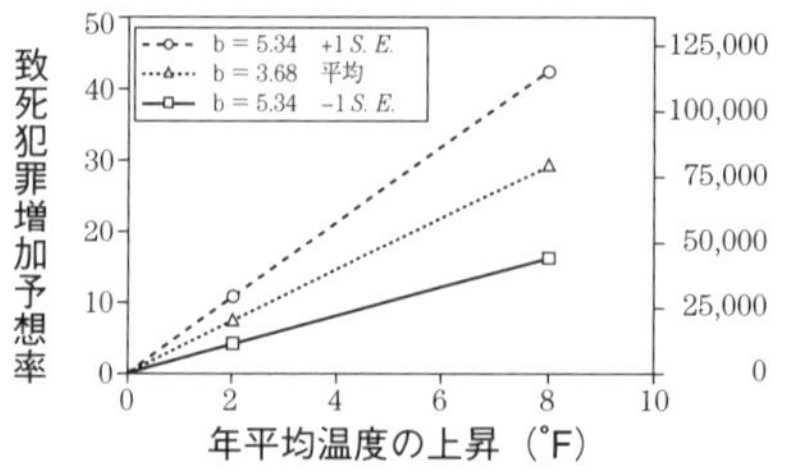

図 16-1　地球の温暖化による致死犯罪の増加傾向
致死犯罪率の増加は 100,000 人当たり。実数は人口 2 億 7 千万人を基準にしている。S.E. は標準誤差。

3　時系列が一日単位なのに対して、線形年は一年単位で帰属させます。

ようです。またこの研究では、同じ時期の「暑い日（≧90度F）」の数と、夏の間に見られる暴力の増加量の関係も見ています。期待どおりに、暑い日の数と暴力犯罪が増加する「夏効果」の大きさとは、時系列や線形年データが統制されても、統計的に有意でした。窃盗にはやはり、この夏効果は見られませんでした。

この夏効果は、夜の時間帯が他の時間帯よりも強いことが、コーンとロトンの研究[4]で分かりました。長期的傾向、時期的傾向、天候、休暇、記念日などを統制した**自己回帰分析**[5]によるものですが、気温が高くなるほど暴力犯罪も多くなるというのではなく、中くらいに高い気温で頂点がくる「逆U」になることが示されました[6]。これはアメリカ北部にある都市（ミネソタ州ミネアポリス市）の2年間（1987～88年）のデータですが、温度に関係した時間的変動の効果は、統計的に有意ではあるものの、分散の1％未満にしかならないということも分かりました。もっとも、暴力などは分散の1％でも、有意なら無視できない[7]というのも、一つの見方です。

理論モデル

さきほど高温多湿が対人評価に与える影響を調べた研究を紹介しましたが、そのほか多くの実験室での研究から、高温は、あるときは高レベルでの攻撃になったり、逆に攻撃のレベルが低くなったり、時にはまったく影響がなかったりするということが分かってきました。このことから**否定的感情回避モデル**[8]が提案されました。このモデルでは、高温の効果は否定的な感情を喚起しますが、行動に二つの対照的な効果を持つと考えます。中くらいの高温は攻撃の可能性を増やすのに対し、もっと高い気温は逃避をうながし、攻撃的傾向を減ら

4 Cohn, E. G. & Rotton, J.（1997）

5 autoregression analysis

6 この研究では3時間ごとの気温を調べましたが、暴力犯罪の発生が実際に多くなるのは、週末（金・土曜）で、時間的に特に多いのは、いちばん暑い午後ではなく、深夜から早朝の時間帯ということです。

7 Rosenthal, R.（1990）

8 the negative affect escape model
Bell, P. A. & Baron, R. A.（1976）

すというのです。個体が嫌悪的な刺激に対し「闘争か逃走か」という反応を示すという考え方は、新しいものではありません。逃避のメカニズムは、攻撃と両立せず、これを減少させると考えられます。この仮説に対し、バーコウィッツ[9]は、嫌刺激が強ければ強いほど、攻撃傾向が強くなると主張しました。低温に関しては、否定的感情回避モデルもバーコウィッツの理論も、高温と同じような効果を持つはずですが、寒いときには攻撃行動が出ないようです。

これに対してソマーズ[10]は**社会的接触の理論**[11]を提唱し、寒い日よりも暑い日のほうが、社会的なやり取りが増え、その結果として、攻撃の可能性が高まると指摘しました。単純に気温との関係を見るなら、昼間の午後の時間帯に暴力行為が多いことになりますが、現実はそうではありません。実際、攻撃と温度の間の関係は、夕刻の時間帯が最高になることが見出されています。結局、データは**日常的活動の理論**[12]で説明すべきではないかといいます。この理論では、犯罪は「ふさわしい目標（人）」、「有能な防犯者（の欠如）」、そして「やる気のある犯罪者」を要件とします。そして、仕事をする、学校に行く、あるいは通勤・通学するというのは義務的行為[13]であり、リラックスする、社交する、またはスポーツをするといった自由裁量行為[14]と比較し、犯罪は後者の状況のほうが多く発生し、警察に知られることが頻繁であると考えました。

犯罪と環境・状況

犯罪の原因を考えるとき、多くの人は環境や状況を考えると思います。では、犯罪者についてはどうでしょうか。そう聞かれても、犯罪者の像がよく分からない、というのが普通の答えではないでしょうか。犯罪者というとき、常習的な犯罪者を考えているかも知れません

9 Berkowitz, L.（1993）
10 Sommers, P. & Moos, R. H.（1976）
11 social contact theory
12 routine activity theory
Cohen, L. E. & Felson, M.（1979）
13 obligatory activities
14 discretionary activities

が、アメリカの実際の暴力犯罪を見れば、加害者は約半数が家族・知り合いの仲です。日本も同じか、もっと高い割合でしょう。犯罪を起こすまで、彼らは特に変わったところのある人というわけではなかったのです。犯罪を考えるには犯罪者を知ればいいのですが、それは難しいようです。では犯罪は環境・状況によって起こるのかといえば、それだけで発生するのでもないわけです。

気温と犯罪、防犯

気温が高いと暴力犯罪が多く発生する。こんなモデルを紹介してきましたが、残念ながら、物理的環境の直接的影響はあまり見出されていません[15]。さらに、日本やヨーロッパについては、この関係は分かっていません。日本の論文には「気温と暴力」というテーマがないのではないかと思われます。そういう発想がないのかも知れません。

しかし、アメリカでは確かに「気温」の影響はあるようです。だけども、暑ければ暑いほど、暴力的になるというわけではないのです。何がそうさせているのか、分からないのが実情といったところです。説明の一つの可能性が日常的活動の理論ですが、それで納得できるのでしょうか。「気温と暴力」の関連は北部も含んでの現象ですが、暴力[16]ではアメリカ南部の白人男性が知られており、議論が関係した殺人が多いと言われます。しかし、何につけても乱暴かといえば、そういうことはなく、一般に南部の人間が暴力を支持するかといえば、そういうことはないのですが、南部の男性は自身や身内の保護のためや侮辱のお返しとして、暴力を使う傾向にあると言われています。それは南部開拓時代に遊牧の風習を持ち、「名誉」を重んじる文化が関係していると言いますが、他の説明は不可能でしょうか。

15　アメリカでは分散の1%くらいを気温が説明するようですが、午後（夜間）の気温が高いと夜の暴力犯罪が多いというもので、時間的なズレがあります。

16　violence
Nisbett, R. E.（1993）

●参考書
齊藤勇ほか（編）（1982〜1999）『対人社会心理学重要研究集1〜7』誠信書房

17　プロファイリング

犯人像を導き出す情報の力

ドラマでは、**プロファイリング**[1]で殺人犯の犯人像がしぼり込まれていきます。しかし、殺された被害者と犯人が「無関係」なのは、どのくらいの割合だと思いますか？　わが国の1年間の殺人事件が約700件だとして、その1割もないでしょう。しかも逮捕されずに逃げることができるのは、そのまた1〜2割といったところ。ですから、プロファイリングを使って被害者とまったく無関係な犯人像を割り出さなければならないような「使える」ケースは、年間15件くらいのものでしょう。

それに、犯人と被害者が初めて会ったと、はじめから分かるのでしょうか。一般の殺人事件の多くは、犯人と被害者の間に、何らかの人間関係があるものです。わが国では数少ない連続殺人事件[2]は、犯人がたまたま出会った人物を殺すため、犯人と被害者には人間関係がなく、普通の殺人と同じような方法で犯人を捕まえることができないと言われています。こういう事件が多いアメリカのＦＢＩ（連邦捜査局[3]）は最初、犯罪を秩序型と無秩序型という二つの類型に大きく分け、プロファイリングが用いられたようですが、混合型[4]が無視できないほど多数にのぼりました。結局、この方式は精神分析的なところもあり、当たっているかどうかも分からないようです。

プロファイリングのもう一つがイギリスのリバプール方式で、こちらは統計学を重視し、多次元尺度構成法[5]などを使うようです。しかし、限界もしだいに明らかになってきまし

1　profiling　ドラマで描かれるプロファイリングのやり方は決まっています。まず現場に残された犯罪行動の痕跡や犯行に使われた凶器などから、犯行の目的や、犯人が何歳であるかとか、職業とか、過去の犯罪歴のあるなしなどの情報を推定するなどをします。こうして、しだいに犯人像が浮かんできます。誰を捕まえればよいのか、しだいに分かってくるのです。プロファイリングを考える人は、このような捜査方法を想定しているようです。

2　連続殺人事件のプロファイリングについては、Canter, D. V. Alison, L. J. & Wentink, M.（2004）を参照。

3　Federal Bureau of Investigation

4　秩序型 organized type、無秩序型 disorganized type、混合型 mixed type

5　multidimensional scaling

た。つまり、犯行現場や事件の特徴から犯人の情報を推定するのは、予想外に困難であることが分かってきたのです。プロファイリングが日本で使われた最初のころの例が、神戸の連続殺人事件でした。警察は未成年の仕業とにらんでいましたが、それを公表しませんでした。マスメディアが役立つと思って連れてきた「プロファイラー」の見立ては「30歳代の男性」でした。あんな事件を起こすのは、常識的に考えて、結婚相手がいない成人男性とにらんだのですが、警察が少年を捕まえるまで、テレビと雑誌は信じたようです。しかしそれを笑えますか。

日本で使われているプロファイリング

というわけで、わが国でプロファイリングを殺人事件に用いることはまず、ないのではないかと思います。これが使えるのは連続放火事件であると言われています。連続放火は多くの場合、他の暴力犯罪を起こす力のない人が発生させます。だから女性が犯人の場合も少なくありません。でも放火事件は凶悪犯罪の一つにあげられ、焼死者が出ることもある危険な犯罪です。同一の人が犯人であるということが、犯罪のさまざまな特徴から分かったとしましょう。そして、犯人の乗り物を自転車か徒歩としましょう。まず、その放火の場所を地図の上に印します。そしてすべての火災を内側に収めるいちばん小さな円を描き、放火犯の居住場所は、そこに描かれた円の内側にあるだろうと推定します。つまり、犯行現場から犯人の居住地を推定する、つぎの犯行地点を推定する、犯行形態から逃走経路を予測するなどの問題を扱うのです。これがわが国で発達した、**地理プロファイリング**です。

プロファイリング手法はアメリカで発達しましたが、同国では「人種プロファイリング」と呼ばれるものは人種差別になるようです。つまり、人種を想定すれば、それだけで差別ということになります。ですから、プロファイリングというだけで、忌み嫌う人がいます。刑務所を見ると黒人服役者が多いのですが、特に黒人の犯罪が現実に多いとはいえません。しかし逮捕される人数が多く、服役するのも自然と多くなっていきます。また、アメリカの一部には死刑がありますが、死刑囚の多数は黒人が占めます。このような背景を見ると、人種プロファイリングが差別になるというのも、分かるような気がします。いずれにせよ、犯罪に人種が関係していると主張するのは、偏見の表れといえるでしょう。

法と心理学と犯罪心理学

犯罪心理学[6]は犯罪者の、あるいは彼らが犯罪を起こすときの、心理を研究します。そのことに何の不思議もありませんが、「犯罪者」が想定されていることが分かります。つまり、「正常者」ではない「犯罪者」という存在を仮定しているのが、犯罪心理学ということになります。それに比べると、**法と心理学**[7]は法律を前に人間を研究する学問です。だから、法と心理学者にとっては、犯罪者を扱っても、それが中心ではありません。あくまで、法律との関連で、犯罪者を見ることになります。というわけで、犯罪心理学は犯罪者中心の学問ですが、法と心理学は法を通して人間を見ようとしているわけです。法律の専門家が犯罪を考えるとき、同時に法律のことを考えます。犯罪心理学者が法律のことを考えないわけではないのですが、強調するところが違います。犯罪心理学が一部の人（犯罪者）の心理学を目指すのに対して、法と心理学者は自分を含めた、全員の心理学を目指すのです。

6　criminal psychology. 犯罪心理学については、つぎを参照のこと。越智啓太（２０１０）

7　law and psychology. 法と心理学については、つぎを参照のこと。黒沢香（２００６）

近接の分野

法学と心理学の間が法と心理学で、法学と社会学の中間が**法社会学**[8]となります。法社会学は、司法と法律が社会の中の制度として、どのような機能・役割を果たし、それが社会全体にどのような影響を与えているかを研究します。法と心理学は法制度を背景にして個人を見ますが、法社会学は人間と社会を前提に、法という社会制度を検討しています。つまり、強調が反対になります。**犯罪社会学**[9]は法社会学の一部と考えられますが、犯罪の社会的な面を扱います。ちょうど犯罪学と心理学の間が犯罪心理学であるように、犯罪学と社会学の中間が犯罪社会学です。このように、社会学と心理学では見るものが違うし、理論も違います。しかし、見ている現象は、方向は逆ですが、同じであるといえます。心理学ではその他に、**捜査心理学**[10]や**裁判心理学**[11]と呼ぶものがあります。捜査心理学とは、犯罪心理学が犯罪の原因として深層・臨床心理学の理論をとるのと違い、現実的かつ実用的な研究を志向し、犯罪捜査や予防に実験的な心理学を活用しようとします。ポリグラフ検査[12]を行い、プロファイリング技法や、犯罪防止の研究を行います。これより少し広いのが裁判心理学で、心理鑑定[13]や心理評価[14]、再犯の見込み・予測などが含まれます。

裁判で知っておきたいのが**職権主義**[15]と**当事者主義**[16]です。職権主義では裁判官が公判の中心となり、争っている当事者はその指揮に従い、証拠を提出し、意見を述べます。これに対し当事者主義では、裁判官は出される証拠の整理を担当します。証拠の許容性[17]は証拠能力として判断し、その提出も全体的な立証も当事者に任されます。両当事者は対等で、法廷で主張をぶつけ合い、正しい裁判結果を生み出そうとします。職権主義は主にヨーロッパで、当事者主義は英米法の国で採用されています。さて日本は、どちらでしょうか？

---

8 law sociology

9 criminal sociology

10 investigative psychology

11 forensic psychology

12 「18 心理鑑定」の項を参照。

13 「18 心理鑑定」の項を参照。

14 psychological evaluation

15 inquisitorial system

16 adversary system

17 admissibility of evidence

●参考書

Richard H. Schneider, Ted Kitchen／防犯環境デザイン研究会（訳）（2006）『犯罪予防とまちづくり』丸善（Richard H. Schneider & Ted Kitchen (2001) *Planning for crime prevention: A transatlantic Perspective*. Routledge.）

18 心理鑑定

真実を見極める科学の力

現在、**心理鑑定**[1]はあまり日本の裁判に使われていません。現在はわりと使われているアメリカでも、数十年前は日本と同じだったようです。だから、ここでは可能性を述べてみたいと思います。心理学は科学ですから、～は～だ、と断言はできませんが、～なら～となる確率が高い、と言うことができます。確率の多少がいえるのはデータに基づいてであって、単なる思いつきではないところに注意してください。裁判の判決文には単に可能性を並べたものもあります。もっともらしいのですが、思いつきが中心となっているのでしょう。

精神鑑定

時には弁護人の依頼という場合もありますが、日本では裁判長の委嘱を受け、精神科医が**鑑定**[2]を担当しています。アメリカでは裁判所の委嘱はなく、当事者（検察官や弁護人）によって、心理学者と精神科医が同じ程度に依頼されるのが一般のようです。アメリカで一人前の心理学者は博士号を持っていますが、精神科医は医師号をとっています。どちらも学位としては、同じようなものでしょう。しかし日本では医師号のほうがずっと高く認識されています。というか、心理学者のほうは博士号を持たないことも多いのです。

日本で国際応用心理学会が開かれたことがあります。そのセッションの一つで、アメリカ心理学会の元会長だった人が、心理鑑定について語りました。その経験を述べたのですが、

1　psychological evaluation. ただし、日本では心理鑑定という言葉は使われていないようです。

2　psychiatric examination

おもしろいことに、具体例はあげませんでした。それでいて鑑定のことを話したのが印象的でした。心理鑑定の対象にどんな質問をするか、講演で話すと、仕事に支障があることが分かっていたのだと思います。講演の内容をまとめれば、たくさんの質問のうち、質問対象の答えが常識とは反対になるものがあり、それがいくつか並ぶと診断ができるというものです。これも、データによる判断です。そして講演の終わりのほうで、なかば冗談で、鑑定をやっている学者（心理学者・精神科医）を、対象が殺そうとする場合もあると言ったのです。もちろん、本人は殺されなかったわけで、そういう方法で「狂っている」ことを示して判決を有利にしようとする「犯人」もいると言いたかったのだと思います。心理学者や精神科医の仕事の大変さ、大事さが分かります。

精神鑑定で**心神喪失**[3]や耗弱が認められることがあります。心神喪失というのは、ことの善悪がまったく分からず、自分のやっていることの意図を考えられないときに認められます。むろん、犯罪を起こした人は病気なわけですが、「無罪放免」にはなりません。犯罪とは認められないが病気だと認定され、もしかすると、刑期より長期の入院（拘束）が必要とされるかも知れません。**心神耗弱**[4]の場合、喪失ほど「程度」がひどくないときに認められます。この場合、治療が必要かも知れませんが、禁固・懲役が中心になることが避けられません。

心神喪失や耗弱は刑法に定められた規定です。法律の専門家や刑法を学ぶ人以外には、想像するのが難しいらしく、この規定はおかしいと言う人が、毎年、現れます。しかし、こう決まったのは１６５年以上も前（１８４３年頃）のことです。イギリスで首相秘書が射殺されましたが、撃ったダニエル・マクノートンは精神状態が異常で、責任を問えない状態でし

3　insanity. 心神喪失になった場合、病院に収容されるのが普通です。無罪放免とはいかないようです。昔は病院に「措置入院」されるほうが刑務所よりひどかったといいますが、今はだいぶ、ましなようです。

4　diminished capacity

た。その後、イギリス議会で議論があり、精神異常のため刑事責任をとれない場合に該当すると心神喪失が認められることになったのです。心神喪失が刑事責任と相反するとき、世界中の多くの裁判所で、マクノートン・ルール[5]が取り入れられています。

うそ発見

うそを言うとドキドキする、そんな経験をしたことはありませんか。そんな体験をもとに、**うそ発見**[6]をする装置が「発明」されました。ドキドキする身体的変化が分かれば、逆にうそをついているかどうか知ることができるというものです。ですから、心臓のドキドキ、呼吸の乱れ、皮膚電気抵抗の変化など、身体のあちこちで生理指標を調べ、大きく変わったものがないか、刺激の提示と同時に調べます。うそをつくと、ドキドキする。うそを隠そうとして、ぎこちなくなる。うそを指摘されると動揺する。ばれないかと心配になる。つまり感情的になるのを、鋭くすばやく見つけようというのです。測定するのは、胸（肺）を２ヵ所、それに指の脈波（心臓）と電気抵抗（指先）の２ヵ所が標準的です。おもしろいことに、日本でもメーカーはアメリカ製で、裁判の証拠を作るため、機械は「標準化」されているようです。

確かに、うそをつくとき、ドキドキすることがあります。でも、うそをついていなくても、悪いことをしていなくても、心臓がドキドキすることもあります。そして、うそをつくには、意識的・意図的である必要があります。考えてみるとうそは実在しませんが、存在しないものを測るのは可能かという問題にもなります。それにドキドキしても、うそをついていない、悪いことをしていない場合もあります。だから、常識で判断して、うそをついている一つ

5　McNaghten rule. マクノートン・ルールについては、つぎの記事が参考になると思います。「Daniel McNaghten」『心理学辞典』(p.673)

6　lie detection

いていないを生理反応の指標で分かると思いますか？ 結局、「うそ発見」というのは、うそを見つける場合もありますが、正しくない場合もあるということです。

うそ発見は、アメリカではFBIなどで行われていますが、裁判の証拠にはならないようです。それに比べると日本では「正しい**ポリグラフ検査**[7]」が使われています。それが「**有罪知識質問法（GKT）**」[8]です。これは生理指標を調べるのではなく、被検査者の「認識」の有無を調べようとします。私たちは必ずしも意識的ではなく、明示的に考えなくても、認識しています。判断するときも、意識的に考えた結果であるとは限りません。認識するのは、ごく普通の現象です。この方法では、「いいえ」「そうではありません」と答えることは不要で、質問を（しっかり）聴いてもらいます。映像を見てもらう方法もありますが、答える必要はありません。五つから六つの「回答」を見て（聴いて）もらいますが、そのどれにも、答えなくてよいのです。ですから、GKTはうそ発見ではありません。答えなくてもしっかり見ていれば（聴いていれば）、知っている選択肢に反応が現れるとされています。

しかし、真犯人かどうかの証拠が他にない場合に、GKTをもとにした判決でよいのでしょうか。わが国では、ポリグラフ検査の結果を裁判に用いることが認められています。つまり、検査結果の証拠能力が認められることもあります。もしポリグラフ検査の結果が証拠になって、それで有罪ということになったら、どうでしょう？ 判決はデータをもとにしていますが、結果の正しさ・有効性が過大に評価されることになってはいないでしょうか。ポリグラフのみの証拠では、犯人である証明は不可能ではないかと考えられます。科学が得意なのは否定することで、この文脈では、犯人ではないという結論です。ですから、ポリグラフ検査だけで、犯人だと言うのは難しいと思うのですが、いかがでしょうか。

---

7 polygraph test, polygraphy
正しいポリグラフ検査の実施法
（1）ポリグラフの電極を指定の場所（胸や指など）につなぐ。
（2）被検査者（被疑者）が生理的に落ち着くのを待つ。
（3）最初に、カード・テストをやってみせる。
（4）本当の質問を実施、選択肢は5～6の違った内容、質問は5～6問
［例］（ひったくり）被害者のバッグに入っていた身分証明書の会社名は
1　A電力でしたか
2　B証券でしたか
3　C病院でしたか
4　D自動車でしたか
（採決質問＝正解）
5　Eデパートでしたか
6　F保険でしたか

8 guilty knowledge test

●参考書
R・ブルほか／仲真紀子（監訳）（2010）『犯罪心理学――ビギナーズガイド』有斐閣（Richard Bull, others (2009) *Criminal psychology: A beginner's guide*. Oneworld.）

19　目撃記憶

目撃証言のあいまいさ

「私が見たのは、間違いなく4番の人だった」という**目撃証言**[1]。信じてしまいますね。ところが4番は**偽者役（フォイル）**[2]。どうしてこんなことが起こるのでしょうか。目撃記憶はしばしば誤りますが、間違いがあるということに気づく必要があります。まず目撃記憶というのはどういうことか、考えてみましょう。二つの要素があることに気がつきます。出来事の記憶とそこに登場する人物です。ところが「よく知っている」のは登場人物よりも、出来事そのものの記憶です。ですから、ここの「登場人物」はよく知らない人です。それが一般の人には分かっていないようです。つまり目撃証言は「よく知らない人」が何か言ったり、やったりしていたというものです。よく知った人の場合、ここでいう目撃とは違った記憶・証言になると考えてよいのです。

目撃同定[3]

それでは、よく知らない人を目撃して、同定する（同一性を確定する、特定の人だとする）には、どうすればよいのでしょうか。日本の警察は目撃証言をとるのに**単独面通し**[4]を使うことが多いようです。このやり方では、被疑者の本人一人（または写真の一人分）を見せます。自信を持った「この人ではない」という証言は疑いを晴らしますが、そうでないと被疑者として残ってしまいます。つまり、単独面通しは、被疑者の側から見ればたいへん不利

1　eyewitness testimony

2　fillers, foils

3　目撃同定（面通し）ではなく、「面割り」はどうでしょうか。特定の「被疑者」がいない、言ってみれば、見せられる全員が被疑者というときです。この場合、イギリスやアメリカでは、目撃者は法廷で証言できないのが普通です。つまり、面通し（容疑者が一人だけの場合）の場合だけ、被疑者が選べたら、目撃証人として証言でき、その他は、目撃したとして証言できないのです。そして、それを確認する質問（「写真などを見せられましたか」）があるのが普通です。それが許されてしまう日本とは大違いですね。

4　showup

5　イギリスでは必ず8人以上の偽者役と一緒に見てもらい、その中から選びます。そのためイギリスでは、「目撃者」であっても、実際は半数を超える人が被疑者を選べないのです。被疑者を選べなければ、同定に関する証言は許されません。被疑者が犯人であるとの証言はできないのです。

なもので、たとえばイギリスでは使われていません[5]。

面通し

すでに述べましたが、日本ではあまりやられていませんが、他の国ではごく普通に行われているのが（複数）**面通し**[6]です。イギリスの場合を見てみましょう。まずインスペクター（警視）がいますが、面通しの担当で、普通の捜査はまったくタッチしません。つぎに被疑者と付き添いがいます。付き添いは弁護士のことが多いのですが、法資格がない、たとえば、普通の友だちのこともあるようです。まず面通し担当が被疑者に面接します。面通しについて簡単に説明し、同意を得ます。そして**面通し場所**[7]に移り、被疑者は自分に特徴がないようにします。その後で偽者役候補が入ってきますが、被疑者が好きな場所を選びます。偽者役候補は約15人もいるのですが、「似ていない」という基準で、付き添いが次々に除外します。もっとも、偽者役は8人以上と決まっていますので、それ以上を落とすことはできないようです。その後で、付き添いは被疑者と離れ、目撃者が単独で入ってくる場所に行きます。そこで初めて、目撃者に誰が犯人かを見てもらいます。目撃者は一人で、終わったら最初の待合室と別の部屋に入るため、複数の目撃者がいても交流はありません。

以上が実物による**同時式面通し**[8]ですが、イギリスでも偽者役を集めるのが難しく、実施の日にちが遅くなる（平均で逮捕から1ヵ月あまり）傾向があり、最近はビデオによる**順次式面通し**[9]が増えました。これにより逮捕から1日足らずで、目撃証人の都合にあわせてできるようになったのです。やり方として、最初に被疑者が右、正面、

6　イギリスではパレード（parade）、アメリカではラインナップ（lineup）と言います。

7　パレードが行われる特別の場所を、identification suite と言います。

8　simultaneous parade, lineup

9　sequential parade, lineup

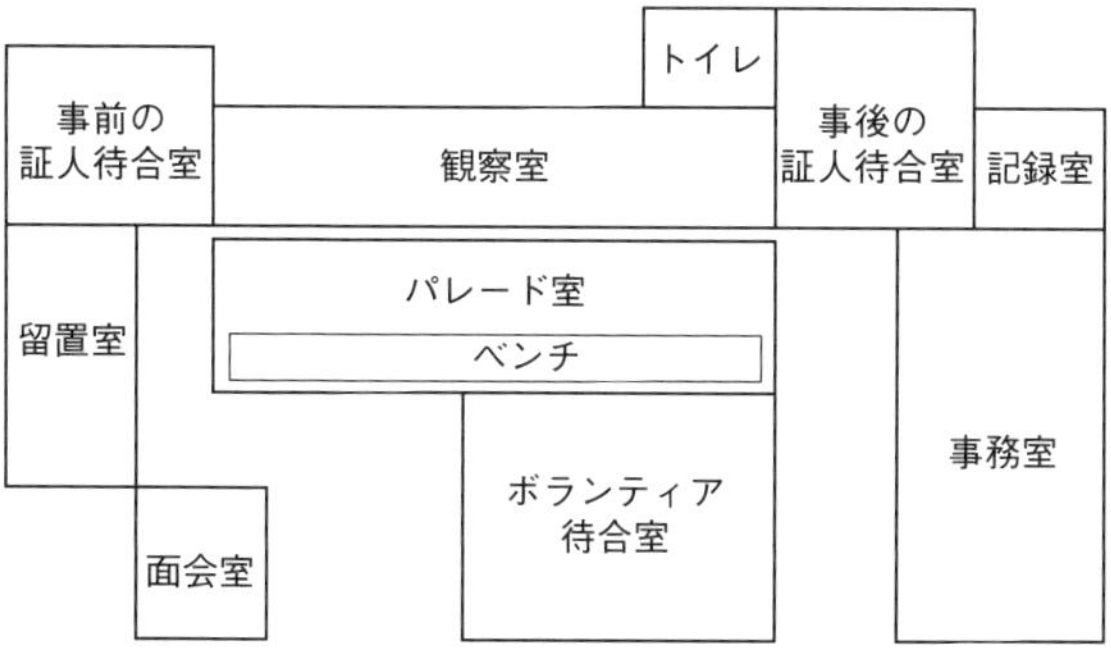

図 19-1　パレード室

左を向いたところのビデオを撮ります。2～3回撮り、その中から被疑者に選んでもらいます。そして偽者役を選ぶのですが、多数のビデオから似た人を選びます。付き添いと本人は、似ていない人を選んで除外します。そして何番に入るかを被疑者が選んで終わりです。偽者役は8人以上で、しばらくして出来上がったビデオテープが立ち会いの人に渡されます。というわけで、イギリスのラインナップの**名目数**[10]は9人（8人＋一人）以上です。そして名目数にできるだけ近い**実効数**[11]（つまり、偽者役が被疑者に似ている）にします。目撃場面はビデオに撮りますが、選べないと目撃を証言できないのは同じです。アメリカでは運転免許証の写真や実物などのラインナップを使いますが、目撃者が見る人数はイギリスほど多くないようです。

評価変数とシステム変数[12]

さて、目撃をもっと見てゆきましょう。警察や刑事司法制度によって統制できないのが**評価変数**です。たとえば事件がいつ、どこで、どのように起こるか、警察は決定することができません。被害者や目撃者がどういう人かもコントロールできないし、犯人の特徴も警察はどうすることもできません。どのくらい目撃者が事件について覚えているかも含めて、評価変数になります。評価変数は心理学者による実証研究の対象となって来ましたが、その例をあげると、犯罪の長さ、武器が使われたか、ストレスが高かったか、犯人が異人種か、などが出来事の要因です。目撃者の側の要因もあります。一般的にいって、人種など、誰が目撃者かは大きな影響はありませんが、目撃者の志向性に関する教示は影響するようです。また年齢やアルコールの影響もあります。反対に、目撃者の記憶内容はあまり役立たないものが

10 nominal number. 形式的にそろえなければならない人数を言います。
名目数を9以上にするのは英国ではＰＡＣＥ法の規定（Police and Criminal Act, Code of Practice）によります。

11 functional number

12 estimator and system variables. 以下を参照。
ペンロッド・黒沢香（２００８）、黒沢香（２００５）

多いようですが、事後の**確信度**[13]はいくらか診断的価値があるようです。また犯人側の要因として、帽子をかぶることや変装することで分かりにくくなります。そして、記憶の貯蔵の問題が考えられます。たとえば時間がたつにつれ、正しい証言を可能にする情報を思い出すのに必要な手がかりが失われていく「忘却」の影響があります。言うまでもなく、証言までの時間は劇的といえるものです。つまり時間がたつにつれ、目撃証言は過ちが増えてしまうのです。そのほか、無意識の転移・第三者混同が起こるということが知られています。

さて、もう一つが**システム変数**です。この変数は警察や刑事司法制度によって直接的に統制されている事項に関連しています。たとえばラインナップを実施するときに、目撃者に与える教示が目撃者にバイアスを与え、エラーを増やすかどうかという問題があります。また、偽者役をどう選ぶのかという問題もあります。それから、ラインナップの提示方法（同時式か順次式か）によって結果に違いが出るのか、**単純な盲検法と二重盲検法**[14]を用いた場合はどうか、などの疑問があります。これらは、警察の決定が目撃者の「能力」を決めてしまうことがあるということを意味しています。また目撃者への教示の問題ですが、「この中にはいないかも知れないので注意してください」というだけで、劇的な違いが見られます。このようなバイアスのかからない教示を使うと誤認が減り、精度がずっと良くなるのです。

またラインナップの実効数は査定することができ、手続きが公平かどうか分かります。まず犯人についての目撃者の当初の記述・描写を準備し、それを30人以上の（犯人を見ていない）目撃統制群に見せます。群のそれぞれにラインナップを見せ、誰が犯人か尋ねます。実効数は判断した目撃統制群の全体数を、被疑者を選んだ人の数で割ったものです。このように目撃証言は、科学的に検討でき、公平かどうか分かるのです。

---

13 confidence. 事前に自信があると答えたとしても、正しい証言が得られるとは限りません。事後の確信度については、ラインナップを見て誰かを選んだわけですが、その時点でのラインナップでの正確さに少し関係し、多少の診断的価値があるようです。

14 single-blind and double-blind methods

●参考書

巌島行雄・仲真紀子・原聡（２００３）『目撃証言の心理学』北大路書房

法と心理学会・目撃ガイドライン作成委員会（編）（２００５）『目撃供述・識別手続に関するガイドライン』現代人文社

委員長P・B・デブリン卿／庭山英雄（監訳）（２０００）『同一性識別の法と科学』信山社出版（デブリン・レポートの翻訳）

菅原郁夫・佐藤達哉（編集）（１９９６）『現代のエスプリNo.350 目撃者の証言——法律学と心理学の架け橋』９月号

20　囚人のジレンマ

自白か黙秘か、それが問題だ

2人で罪を犯し、逮捕され、別々に収容されたとします。共犯者もあなたも、どちらが主犯ということはなく、2人とも同じくらいに有責ということになります。そして2人とも自白しなければ、ともに軽い罪で2年の懲役になります。しかしあなたは本件を認めないのですが、共犯者は罪を認め、あなたが悪いといって重い刑罰を逃れます。そのあおりを受け、あなたは懲役20年になってしまいます。しかし、あなたも罪を認め、2人がともに自白したとすると、2人の刑罰はそれぞれ懲役15年になってしまいます。

これが**囚人のジレンマ**[1]です。

囚人のジレンマは現実には多く、別に珍しい状況ではありません。たとえば**共有地のジレンマ**[2]があります。自分の利益を最大にしようと、共有地にできるかぎり負荷をかけると、かえって共有地からの収益が下がってしまいます。また自分の取り分を増やそうと共有地を分け、私有地にしてしまうと、村全体の生産が下がってしまいます。つまり「ほどほど」で我慢しておけばよいものを、欲張って自分の利潤を多くしようとすると、かえって自分の利益が減ったり、集団・社会が損をしたりしてしまいます。自分も集団・社会の一員ですから、これはジレンマになります。これらは社会的ジレンマで、その例としては、「囚人」や「共有地」だけでなく、「社会的サービス」、「資源」[3]などもあります。

---

1 prisoner's dilemma

2 common's dilemma

3 social service's dilemma, resource's dilemma

4 game theory. 日本語の解説書としては、たとえば、注［5］を参照。

5 von Neumann, J. & Morgenstern, O.（1944）（銀林浩ほか（監訳）1972）

6 zero-sum situations

7 non-zero-sum situations

8 payoff matrix

9 Kassin, S. M. & Wrightsman, L. S.（1980）. Kassin, S. M. & Wrightsman, L. S.（1981）
自白したほうが裁判で有利になると言われて有罪と認めた場合のほうが、そうでない場合よりも、有罪と判断される割合が高かったのです。

ゲーム理論

囚人のジレンマは社会的ジレンマの一つということになりますが、これは**ゲーム理論**[4]として研究されました。ゲーム理論はフォン=ノイマンとモーゲンステルン[5]が考え始めたものです。まず基本として、**ゼロサム状況**[6]を理解しましょう。これは、勝つか負けるか、それしかない状況です。つまり、Aが勝てば、Bは必ず負けるという状況で、「勝負事」として世の中に多い事態です。ところが、**ノン-ゼロサム状況**[7]もあります。これは、一方が勝つか負けるかとともに、両方がともに勝ったり負けたりすることがある状況です。ゼロサム状況のように、どちらかが勝ったり負けたりするだけでなく、両方がプラスになったり、マイナスになったりするのです。そして囚人のジレンマは、ノン-ゼロサム状況の最も典型的な例なのです。**支払い表**（図20-1）[8]を見てください。両者が同じように、プラスのときもマイナスのときもあります。これがノン-ゼロサムです。囚人のジレンマとは、そういう状況なのです。

誘導自白バイアス

アメリカでは取り調べで有罪を認めても、裁判を求めることは無罪を主張することですし、被告人が証言台に立つことはめったにありませんから、陪審は慎重な判断をせまられます。しかし、被告人が取り調べで有罪を認めた[9]とされる事件について調べた研究では、裁判で有利になると言われて自白した場合は不利になるように陪審員に判断され、自白しないと不利になると脅された場合には有利になる傾向が見られました。この傾向は日本でも確認されており、**誘導自白バイアス**[10]と名づけられました。

B容疑者 ＼ A容疑者	自白	自白しない
自白	15年 ＼ 15年	20年 ＼ 釈放
自白しない	釈放 ＼ 20年	2年 ＼ 2年

図20-1　囚人のジレンマの支払い表

Bさん ＼ Aさん	選択肢X	選択肢Y
選択肢X	10点 ＼ 10点	8点 ＼ 3点
選択肢Y	3点 ＼ 8点	0点 ＼ 0点

図20-2　ジレンマがない場合

＊こちらの支払い表では、ジレンマがありません。二人とも選択肢Xを選んでいれば、最高得点になります。

なぜ誘導自白バイアスが起こるのでしょうか。つぎのような可能性があげられています。一つには、**心理的反発**[11]の要素があります。有利になるために自白したことへの反発です。類似したものに、**ブーメラン効果**と呼ばれるものがあります。裁判官が進んで自白したことを考量するように強く説示すると、陪審員がかえって指示に従わなくなるというものですが、これはうまくデータに合わないと言われています。また、心理的反発に似たものに**自滅的予言現象**があります。自白が有利になると言われているので慎重に検討する結果、逆に不利になってしまう。反対に、不利になると言われると、それを打ち消して、有利にしてしまう可能性です。

心理的反発よりも可能性が高いと考えられるのが、**興味半減仮説**です。これは課題が楽しくなく、おもしろくないと感じ、弁論に集中できず、裁判員制度ができても積極的につとめたいとは思わないという傾向と関連しているようです。それでなぜ有罪が増えるのでしょうか。裁判員制度を模擬した実験的研究では、現代司法の原則に反し、実験参加者の多くが有罪推定から始め、事実を細かく検討することで判断しようとした可能性があります。その際に、より詳細に、より深く考えるほど無罪と判断するようになるとすれば、真剣に思考し検討する意欲の低下は、有罪傾向と結びつくことになります。執行猶予が考えられると聞き、判断の深刻さを軽く考えてしまうのです。

また、言うとおりにすれば裁判で有利になる。有利になるようにしてあげようという説得は「利得的な働きかけ」です。言うとおりにしなければ不利にするという「損失的働きかけ」に比べ、利得的働きかけは同情的で、よく思われる可能性が高くなります。取り調べを行った捜査担当者が同情的で良い人だと思われ、好意的に見られるなら、証人としての信憑性は

10　positive coercion bias. つぎの文献を参照。
黒沢香・尾崎雅子（2002）、黒沢香・米田恵美（2004）、黒沢香・米田恵美（2006）
誘導自白バイアスは、刑罰を重くすると脅される条件と、罰を軽くすると持ちかけ・約束される条件を比較した研究により、その存在が確認されています。

11　psychological reactance. 心理的反発についての代表的著作としては、Brehm, J. W.（1972）がある。

高まります。これが**好感−信頼性仮説**です。また一般に、好意を持つ人からの働きかけに応じる行動を、より自発的・任意的と考える「錯誤」が存在します。つまり、**好感−錯誤帰属仮説**があり、これは広範にたいへんよく見られる錯誤のように思われます。

さて最後に、**フレーミング効果**[12]があります。「自白するなら罰を軽くする」「自白しないなら罰を重くする」という脅しは、どちらも自白を誘導する点で違いがありませんが、刑を軽くするからと言われて自白した場合のほうが、脅しで自白させられた場合よりも刑が重く判断される傾向があります。つぎを見てください。

〈利得側面を強調〉

A：自白すれば、軽い刑ですむだろう（確実性が高いと思う）。

B：自白しなければ、無罪になる可能性もあるが、最高刑が適用されるかも知れない。

〈損失側面を強調〉

C：自白すれば、最高刑が適用されるかも知れないが、ずっと軽いかも知れない。

D：自白しなければ、最高刑が適用される（確実性が高いと思う）。

「自白するなら罰を軽くする」「自白しないなら罰を重くする」という言い方にはAとDしか提示されていませんが、実際にはBとCが暗黙に含まれています。選択肢の中でAを選ぶ場合、最も刑罰が重くなってしまう可能性があるのに、見えにくいのです。これがフレーミング効果による説明です。

さて、囚人のジレンマですが、実際の取り調べ手法として違法です。つまり、別々に取り調べ、他の仲間は自白していると告げるのはいけません。なぜだか分かりますか？

12　framing effect「26　意思決定とフレーミング」参照。フレーミング効果についての代表的著作としては、Tversky, A. & Kahneman, D.（1981）がある。

●参考書
山岸俊男（1990）『社会的ジレンマのしくみ――「自分1人ぐらいの心理」の招くもの』（セレクション社会心理学）サイエンス社

パート・3

刑罰・裁判

21 責任能力

あなたが悪い!?

交通事故で人を死なせ、その死に責任があっても、殺人より軽い刑が科せられます。しかし死んでしまった人やその家族にとってはどうでしょうか。殺人より軽くていいのでしょうか。

罰を与えるには二つの要素があります。一つは**結果**で、たとえば被害者の死があります。もう一つは行為者の**意図**で、たとえば被害者の死を望んでいたかというものです。事故死と殺人では、前者は違わないにしても、後者が大きく違うはずです。そしてまた極端な場合、事故の要素はなく、かといって意図がまったく考えられないとき、**心神喪失**[1]になり殺人罪が成立しないことがあります。そのとき、「加害者」は何の罪も負わず無罪です。（ただし、措置入院が必要とされるかもしれません[2]。）**心神耗弱**[3]ならば、刑が軽くなります。このように、現代司法では「結果」と「意図」を犯罪の要素と考えます。

帰属理論――行動の意図を考える

その意図を考えるのが**帰属理論**[4]です。意図されたと判断するか、しないかで、刑の重さには大きな違いがあります。そして行動が意図された場合は責任も生じます。もちろん意図しなくても、結果によっては別の責任があります。実際、**意図罪**[5]と**過失罪**[6]という刑事責任が考えられます。もちろん、一般に重いのは意図された犯罪です。

1　「18　心理鑑定」の項を参照。
2　「18　心理鑑定」注［3］を参照。
3　「18　心理鑑定」の項を参照。
4　attribution theory
5　crimes of intension
6　crimes of negligence

しかし、ここで考えなくてはならないのは、意図は必ずしも「意識的」に行為する者にあるとは限らないことです。「意識的に、意図的に、行動した」と、一般に判断されることが必要なわけです。ここでは常識が重要であり、一般の声（**陪審・参審・裁判員**[7]）を必要とする理由になっています。

さて「帰属」ということを最初に取り上げたのはハイダー[8]でした。彼は一般人の持つ「心理学」、つまり**現象学**[9]的なものを研究すべきだと考えました。たとえば原因帰属の**内外**[10]に関心を持ちました。内部帰属されると行動の原因はその人の意思、努力、能力、適性、性格などに、外部帰属されると一般にその人以外、つまり制約、困難度、対象の特性、役割期待などにおかれると考えたのです。そして、ワイナー[11]はそのことに**安定性**[12]をつけ加えました。つまり、内部に安定してあるのは、その人の特徴である能力、適性、性格、態度であり、外部に安定して存在するのは他者の圧力、報酬や罰、課題の困難度などです。不安定なものは何かといえば、内部では動機（努力や意思に表れます）、感情や気分、病気、疲労のようにその時々に変わるもので、外部では運・不運、偶然といえるでしょう。この他に、ワイナーは第三の次元として、**統制可能性**[13]も考えました。ワイナーは、将来の行動予測では、内部で安定したものがいちばん役に立つ、予測がうまくいくと考えました。

つぎにあげられるのがケリー[14]の理論です。まず統計学的ともいえる**共変モデル**[15]を考えましょう。いくつかの観察が繰り返されるとき、原因と結果が共変すると考えます。共変関係の検出のためには、データの特徴を調べます。たとえば、**特異性**[16]はある対象や状況に対してだけ、その行為が起こることです。**一貫性**[17]はある対象や状況に対して、一貫していつも同じような行為をとるかどうかです。そして**合意性**[18]は、他の行為者もその対

7　陪審 jury、参審 citizen-participation、裁判員 saiban-in, citizen participated trial

8　Heider, F.（1958）（大橋正夫訳）１９７８）

9　phenomenology

10　internal or external attribution

11　Weiner, B.（1979）

12　stability

13　controllability

14　Kelley, H. H.（1967）

15　covariation model

16　特異性または弁別性 distinctiveness

17　consistency

18　consensus

象・状況に対して同じ行為を行うかどうかです。このモデルで、すべてが高くなったとしましょう。つまり特異性、一貫性そして合意性が高いときです。そのときは外部帰属され、その刺激は特別なものと考えられます。ところが特異性と合意性が低で、一貫性が高という場合には、内部帰属が起きる（つまり、たとえば意図的）と考えられます。

　ケリーはまた**因果図式モデル**[19]というものを考えました。共変モデルは多数の観察がないと推論できません。それに比べると、因果図式モデルによって一度の観察から推論できる場合があるというのです。たとえば、**必要条件型**[20]の場合は二つ以上の要因がそろわないとうまくいきませんが、**十分条件型**[21]の場合、いずれかの要因一つがあればいいということになります。だから、やさしい問題なら能力か努力か運がいいかのどれかで解けますが（十分条件型）、難しい試験では頭が良い人ががんばって、しかも、たまたまその問題を勉強してなければ、良い結果がとれないというわけです（必要条件型）。そして、やさしい問題の場合、内部の要因が**割引き**[22]されてしまうということが起こります。外部の要因で説明できれば、内部のことについては何とも言えないことになってしまうのです。

　そして、ジョーンズ[23]は、内部要因（性格・意図・努力など）と行為・結果が直接的に対応されるときがあると考え、**対応による推測の理論**[24]を提唱しました。その例として、社会的に望ましい結果、自由意志、期待されるような行動があるといいます[25]。

帰属のあいまい化[26]

帰属理論は、原因がどこにあるかを明らかにするものです。しかし、原因がはっきりしないほうがよい場合も少なくないようです。たとえば、あなたが「映画評価の実験」に参加し

---

19 causal schema model

20 multiple sufficient causes

21 multiple necessary causes Kelley, H. H. (1972a); Kelley, H. H. (1972b)

22 discounting

23 Jones, E. E. & Davis, K. E. (1965)

24 correspondence inference theory

25 ジョーンズとハリスは実験参加者に、キューバの指導者カストロに好意的な論文と反対する論文を読んでもらいました。そして、それぞれ半分の人たちはこの論文は自由意志で書かれたと告げられ、残りの半分はその論文の内容はあらかじめ指定されていたと説明されたのです。そして、書いた人の態度を推測してもらいました。その結果、カストロに好意的な論文を書いた人は、当然のようにカストロを支持していると判断されました。自由意志で書いたという人は、もちろん内容によって態度が判断されたのですが、書くように指示されたはずの人も、カストロに好意的な内容の場合、それが本人

たとしましょう。実験室は大きな部屋で中央に間仕切りがあり、左右二つに分けられ、それぞれの小部屋の間仕切り側の角にはＴＶモニターが置かれています。そのモニター前にはそれぞれイスが二つあり、すでに実験参加者が1名ずつ座っていて、あなたが席を選ぶのを待っています。ところが、そのうち1名は金属製の補助具を下半身につけ、モニター台に松葉杖を立てかけています。あなたは一度入り口に座らされ、実験前の教示が与えられます。実験群は二つあり、「違う映画」条件では、別々の映画の解説を読んでどちらを観るか選びます。ところが「同じ映画」条件では、いつもは別々の映画を上映するのだが、ＶＴＲの調子が悪く、今回はどちらも同じ映画になると言われ、その解説を読まされます。そして、着席するイスを選ぶのです。

この実験で先に来ていた参加者2人は実験のサクラで、交代して身体障害者の役割を演じていました。誰が身体障害者を演じ、どちら側に座るか、そしてどちらの映画がどちら側で上映されるかの要因は、その影響が相殺される形で統制され、実験者も含めた**二重盲検法**[27]が使われました。さて、あなたなら、身体障害者側のとなりかそうでない人のとなりか、どちらを選んだでしょうか。

結果は、同じ映画を見る条件では12人中7人が「身体障害者側」を選んだのに、違う映画が可能な条件では2名しか選ばなかったのです。この差は統計的に有意で[28]、2名というのはランダムな選択による6名と比べても、有意に少なかったのです。一般に、身体障害者を避けるような動機がある（あった）ことをこの実験は示しています。そして、あいまい化の意図や効果は、必ずしも他者向けとは限らないのかも知れません。

の態度だと判断されたのです。行動の原因として、内的な要因を過度に強調し、状況の影響をあまり評価しない傾向が見られたのです。
Jones, E. E. & Harris, V. A.（1967）

26 attributive ambiguity
Snyder, M. L., Kleck, R. E., Strenta, A., & Mentzer, S. J.（1979）

27 double-blind method

28 χ^2値は4・44、5％水準で有意でした。

●参考書
蘭千壽・外山みどり（編）（1991）『帰属過程の心理学』ナカニシヤ出版

22 陪審制度

その過去と現在、未来

陪審制度[1]は、わが国ではあまり人気がありませんが、国民の司法参加として、世界を見ればいちばん多いようです。日本では**裁判員制度**が導入されましたが、その理由の一部は、官僚（裁判官や検察官）が陪審制の導入を嫌ったからです。これから陪審制になっていくのか疑問がありますが、司法への参加の形として知ったほうがよいようです。

陪審制度とは

陪審制はいろいろな国で行われており多種多様な形態が考えられますが、アメリカのごく平均的な制度を取り上げます。まず裁判官が1名いて、法律的事項のすべてを判断し、訴訟の全般的な指揮をとります。そして、裁判が行われる地域を代表するように選ばれた、一般に12人の陪審員が参加します。基本的には、日本で行われていた裁判官によるものと同じ審理形式をとりますが、**当事者主義**[2]や**口頭主義**[3]が徹底し、調書などは通常の証拠として認められません。法廷に出せるかどうかの**証拠能力**[4]は裁判官が、その**証明力**[5]は陪審が判断し、法廷に出された証拠だけで判断します。最後に**裁判官の説示**[6]を受け、陪審だけが**密室**[7]で評議します。陪審の有罪か無罪かの**評決**[8]は、ほとんどの場合、12名の**全員一致**[9]を必要とします。有罪評決が出ると裁判官が**量刑**[10]を決めることになりますが、死刑があるアメリカでは、陪審が議論することになっています。

---

1 陪審制度 jury system、陪審裁判 jury trial
2 adversary system, adversary model
3 verbal system, oral system
4 admissibility of evidence
5 probative value
6 instruction charge, the judge's charge
7 jury room
8 verdict
9 unanimous decision, unanimity
10 sentence, sentencing

陪審裁判は、争われている（つまり被告人が起訴事実を否認する）事件の**第一審**[11]についてのみ行われ、無罪評決に対し検察側が**控訴**[12]できないのが特徴です。力の強い国家・検察側によって、不公正な結果が生じないように、被告人の人権に配慮しやすい**司法制度**[13]といえます。同時に、市民が陪審員として司法の中枢で役割を果たす民主的な**政治制度**[14]です。参加には民主主義を教え実践させる教育効果が考えられ、関心を自分のことだけに向けやすい人々の目を他者や社会に向けさせ、その経験は男女平等の実現にも役立つことが期待されます[15]。

検察側は証拠を積み上げるのですが、弁護側はその一部を崩せば、無罪を勝ち取ることができます。というと簡単に聞こえますが、検察側も懸命ですから、起訴されたら無罪になるのは実際には容易ではありません。

アメリカの裁判でごく当たり前のことが、日本の裁判員制度で守られているのか分からないことがあります。たとえば裁判結果が確定するまで無罪として扱う「**無罪推定**」の**原則**があります。アメリカの法廷で手錠をかけられた被告人を見る機会はまずありませんが、わが国では普通です。また検察側に有罪を証明する「立証責任」がありますが、裁判員のなかには弁護人に無罪証明が必要かのように振る舞う人もいます。「**合理的疑い**」「**疑わしきは罰せず**」[16]の原則に従い、アメリカ陪審の12人は有罪で一致することが求められますが、日本では有罪の多数決が認められています（ただし裁判官が最低一人いなくてはならない）。

市民参加と陪審員選任[17]

アメリカでは陪審制度に参加することが**市民の義務**[18]になっています。ですから、呼び

---

11 trial court, district court

12 appeal, appellate. 控訴については、黒沢香（1996）を参照。

13 judiciary system, justice system

14 political system

15 陪審裁判はイギリスやアメリカで使われてきましたが、長い歴史を持ち、特にアメリカでは**民事裁判**（civil trial, civil court）にも使われています。

16 the benefit of doubt

17 市民参加 citizen participation, public participation、陪審員選任 jury selection, jury empanelment

18 responsibility, duty

出されると陪審員候補として地方裁判所に行くことになります[19]。これに比べると、わが国では裁判員になれない人がたくさんいます。しかし、アメリカでは当事者の判断で、陪審に選任されない人もまた多いのです。選ばれないのは、検察側から見ると主義として簡単に有罪としない人たちで、弁護側は容易に有罪としてしまう人たちです。

科学的選任法

そういうわけで、**科学的選任法**[20]が編み出されました。１９７０年代、**ハリスバーグ7裁判**[21]で弁護側が使ったのが最初でした。まず、使用中の陪審義務者名簿の人口学的特徴を調べました。すなわち、性別、年齢、学歴、職業、人種などを、選挙人名簿からランダム抽出したものと比較したのです。手続きとしては、裁判地として選ばれた、ペンシルベニア州中央部の11郡の名簿から人口に比例して、１２３６名が選ばれ、被告人の支持者を中心にボランティアが電話で調査を行い、８４０名の回答を得ることができました。その結果、使用中の陪審義務者名簿よりも、無作為抽出された選挙人のほうが若いことが判明し、裁判官にその結果が提出されて、選任が始まる前に名簿が作り直されたのです。

それから時間の制約上、ハリスバーグ周辺の4郡で２５２名を選び、公平な陪審員としての態度と能力に関連する面接を行いました。その際、つぎの項目に注目しました。購読・聴取する新聞やラジオ・ＴＶ局およびメディアとの接触量、被告人と裁判についての知識、過去10～15年間で最も偉大なアメリカ人は誰か、連邦政府への信頼感、年齢と子どものしていること、宗教への態度と宗派・宗教活動など、余暇活動、所属する社会団体、裁判に関連した態度、そして反戦運動として許容できる活動についてです。その結果、たとえば宗教は多

19　カリフォルニア州の場合、陪審義務がないのは、警察官・保安官や刑務職員だけの少数です。ニューヨーク市では前市長が、自分自身、弁護士の資格があるのに、民事裁判の陪審員になったことが報道されました。

20　scientific selection

21　Harrisburg 7 Trial.
Schulman, J., Shaver, P., Coleman, R., Ermrich, B., & Christie, R. (1973)
黒沢香（１９９９）齊藤勇・川名好裕（編）（１９９９）『対人社会心理学重要研究集7巻　社会心理学の応用と展開』に、ハリスバーグ7の裁判について書いてあります（重要研究5-4）。

くの態度と関連しており、陪審員選任の際に質問することが望ましいことが分かりました。また、メディアとの接触や高学歴は通常とは逆に保守的な態度と関連し、この地域には連邦政府を信頼する者が全国平均より際立って多いことが分かりました。これは被告人にとって不利になると考えられるので、選任時の質問に政府への信頼感を入れることにしました。

起訴から1年以上たった1972年1月末に公判は始まりました。この裁判では弁護側が直接、陪審員候補に質問することを許し、質問をどう聞くかも弁護人に任せました。その上、弁護側は28の**専断的忌避**[22]を許され、検察側は6というふうに限られたものでした。このような理由から、陪審選任の手続きに3週間かかり、理由のある忌避と裁判官の判断によって、465名の候補の中から46名がひとまず選ばれました。弁護側が望ましいと判断したのは14名でしたが、その特徴は、年齢が若いこと、黒人であること、カウンター・カルチャー的なライフスタイルの要素があること、ベトナム戦争に反対で被告人に同情的であること、徴兵年齢の息子か男の近親を持つことでした。さらに専断的忌避により最終的に12名が残されました。その他に補欠も選ばれましたが、評決には関与しませんでした。

公判が始まり、検察側が立証を行いました。その後、弁護人は有罪の証明がなかったと裁判長指示による無罪評決を求めましたが、判事は認めませんでした。翌日、弁護側は「被告人たちは無罪の主張を維持する。われわれの主張は以上である」とだけ述べ、反証をまったく行わず陪審の評決を求め、聴衆を驚かせました。すぐに陪審の合議が始まり、連邦地裁陪審としては記録的に長い7日間の討議の末、一部のマイナーな有罪を認めたものの、最も重要な共同謀議について、10名が無罪、2名が有罪と譲らず、**評決不能**[23]だったのです。

---

22 peremptory challenge

23 mistrial, hung jury. アメリカの裁判では、評決で全員一致の有罪なら有罪で、それ以外は無罪の扱いを受けます（軽罪で全員一致の例外がありますが）。全員一致で無罪なら検察側は何もできませんが、有罪にしたいと言う人がいる限り、理論的には何度でも起訴できます（これは原則で、もう一つの原則は「評決は全員一致」）。しかし、有罪にできる可能性がない限り、再度、起訴することはありません。一つには、検察の予算が限られているからです。

●参考書
菅原郁夫・サトウタツヤ・黒沢香（編）（2005）『法と心理学のフロンティア Ⅰ巻・Ⅱ巻』北大路書房

23 認知的バイアス

忍び込む偏り

裁判は多くの民主国でやっていますが、「よその国で裁判を受ければ不利になる」。そんなこと、考えてみたことがありますか？　刑法は国で違いますが、同じ犯罪を、その国の国民と短い滞在者が犯したとしましょう。一つひとつの犯罪は違いますから、比較は難しいのですが、実際に刑期を分析すれば、平均すると、外国人の被告人は刑期が数ヵ月長いのです。わが日本でも、外国人が平均で数ヵ月、長くなっていることが分かります[1]。だから、長く刑務所に入ることが予測されます[2]。

外国人に刑罰が重くなるのは、外国人に対する**認知的なバイアス**[3]があるためです。

判断上のバイアス

考えや判断に何らかの偏り＝バイアスがない人は、いないと言ってよいと思います。必ずバイアスがあるものです。たとえば、男女の違い。男性と女性の裁判員はものごとの受け取り方が違い、特に犯罪に関することでは、どんなものを重く見るか、どんな事情を考えるかが変わってきます。だから、裁判員の性比（男性と女性の比率）が50%から大きく違うと、そのためのバイアスが心配になります。裁判員をやっているのは、どちらの性が多くなっているか公表されないので分かりませんが、特定の犯罪にたいして、男性が厳しかったり女性が厳しかったりするのはよくあることです。男と女の感じ方は大きく違いますが、それが当

1　現実のデータではありませんが、類似のものとして、つぎのようなものがあります。
　黒沢香（1995）

2　もっとも、刑期の途中で母国に送られれば、短くなるのかも知れません。それに、これは裁判員制度以前のデータです。裁判員の判断ではどうか、調査がまたれます。

3　cognitive bias

たり前の状態と言ってよいのです。

人は本質的に、公平・公正な判断ができないものです。意識的かどうかは別の問題として、一般に人は、自分に都合の良い判断をします。それは、これらにはそう望む、信じたいという自己中心的な**動機**[4]があるというのが動機仮説です。この自己を重視する考え方に対して、人の判断におけるエラーやバイアスは、そのほとんどが人の**認知活動**[5]の特性に起因するという、認知仮説の考え方があります。つまり、人はエラーやバイアスのある結果を望んでいるわけではなく、意識的か無意識的かにも関係なく、人の知的活動・能力の特性上、エラーやバイアスが避けられないというのです[6]。男女差についてはどうでしょうか。性差が大きいのが、女性として被害を受けるときと考えられます。そうなると、認知仮説によるエラーやバイアスの一般的な説明もあやしくなります。

美人ステレオタイプ

男女差に加えて、普通の人には、**美人ステレオタイプ**[7]があります。これは、裁判の被告人を見たとき、外見の良さがどのように働くかにかかわり、一般に美人が得をするといわれています。つまり、被害者になるにしても加害者になるにしても、美人のほうが有利に、つまり被害者の場合は刑期が長く、加害者になれば短く判断されると言われています。**強化－感情的な説明**[8]では、美は徳であり善であるから、外見の良さの効果は、他の要因とは無関係に存在することが予想されます。ですから、刑期は短くなると予想されます。しかし結婚詐欺のようなケースを考えてみましょう。被害者は変わらないとして、美人の女性が加害者の場合にそうでない人の場合と比べ、裁判で利得を、この場合は短い刑期の判決を、得

4　motivation, motive

5　cognitive activities, cognition

6　学界の現状は、後者がいろいろな仮説を出して優勢です。

7　beauty is good.「美人ステレオタイプ」はアメリカの用語ではなく、日本の詫摩武俊と松井豊による命名です。

8　reinforcement and emotion theory

るのでしょうか？

より認知的な説明では、外見の良さも将来、行動と関連すると考えます。つまり、外見の良さが再犯につながるなら、外見の良い犯罪者は、認知的に考えれば、刑罰が重くなるはずです。だから、再犯を防止し、応報を重視するため、外見の良さを悪用する犯罪者は重く罰せられなくてはなりません。したがって、犯罪が外見の良さと関連しているとき、外見の良い被告人は相対的に厳しい扱いを受けるはずです。それに比べると、犯罪が外見の良さと関連がない、たとえば侵入盗のとき、外見の良い被告人は、そうでない場合よりも、言い渡される刑期が寛容になるのではないかと予想されます。

そこで、外見的情報（美人、不美人、無情報）と犯罪（侵入盗、詐欺）の3×2の実験[9]が行われました。女性被告人の情報は同じとして、写真を添付したり、しなかったりして外見的情報を操作しました。主な従属変数は、服役すべき年数として、1～15年を選んでもらいました。結果をまとめると、参加者の男女差が認められないのは予想どおりでした。そして、犯罪に外見が関係しない侵入盗では、美人でない被告人のほうが重い刑罰を受けました。逆に、外見が犯罪に関連していると思われる詐欺においては、被告人が美人であるほうが、厳しい罰が適当と判断されました。ここまでは、予測されたとおりでした。

ただし、結果を詳しく分析すると、侵入盗のほうは美人－不美人の差は有意でしたが、詐欺の場合には美人のほうが長いものの、有意な差はなく、したがって美人詐欺の場合に刑罰が重く判断されるとは言えません。詐欺の場合、美人であることの有利さが失われるというのが、堅実な結論と言えます。また結果から言えるのは、不美人の結果は写真のなかった群とほとんど同じでしたから、不美人であることが不利になるということは言えません。美人

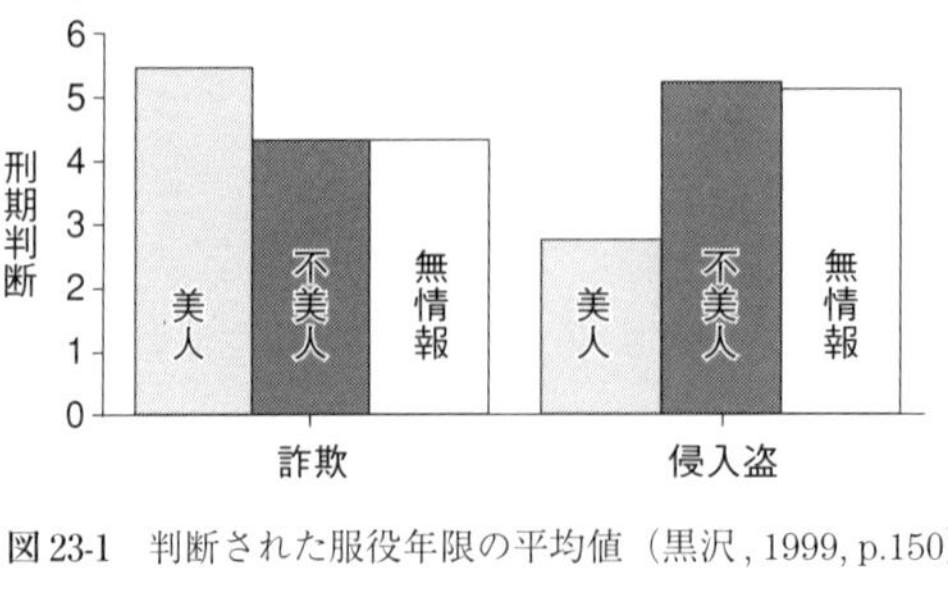

図23-1　判断された服役年限の平均値（黒沢, 1999, p.150）

9　Sigall, H. & Ostrove, N.（1975）

だけが特別扱いされ、不美人は特別に不利にならず、他の人たちと同じに扱われるようです。このように、実験の結果は一応認知的な解釈を支持し、単純な「強化－感情的」な説明は、十分なものとはならなかったのです。

ただ目立つだけで

このような認知的な解釈を徹底したものとして、つぎの研究[10]をあげることができます。2人の実験協力者が会話を行い、それを3方向から観察する実験でした。ある人たちは片方の実験協力者の後ろに座り、もう一人の協力者と向きあいました。もう1組の人たちは、まったく逆の位置に座りましたが、最後の1組は2人の真横に座り、両者を平等に見ていたのです。そして、どちらの協力者が会話の中心になり、会話の方向を決め、相手の行動により多くの影響を与えたかを評定したのです。ところが、会話はじつは標準化されていました。どちらが主導権を握っていたわけでもありません。その結果は、顔が見える協力者が、背中を見せている者よりも、より多くの影響を与えているという印象を与えました。両者を等分に見ていた観察者は、互いへの影響をほぼ同等と判断したのです。

結論は、刺激がどれだけ目立つかによって、原因帰属の傾向に大きな違いが見出されることが判明しました。だから、**根本的な帰属の誤り**[11]も、人やその行動がどれだけ目立つかによって、起きている可能性が高いと言えます。私たちは、ただ目立つというだけで、実際には無関係・無意味な社会的手がかりを使って、一見複雑で洗練された推測を行っているのかも知れません。しかも、われわれはその事実にまったく気づいていないのです。そして、自分の判断が「正しい」と思っているのに違いないのです。

10 Taylor, S. E. & Fiske, S. T.（1975）

11 fundamental attribution error

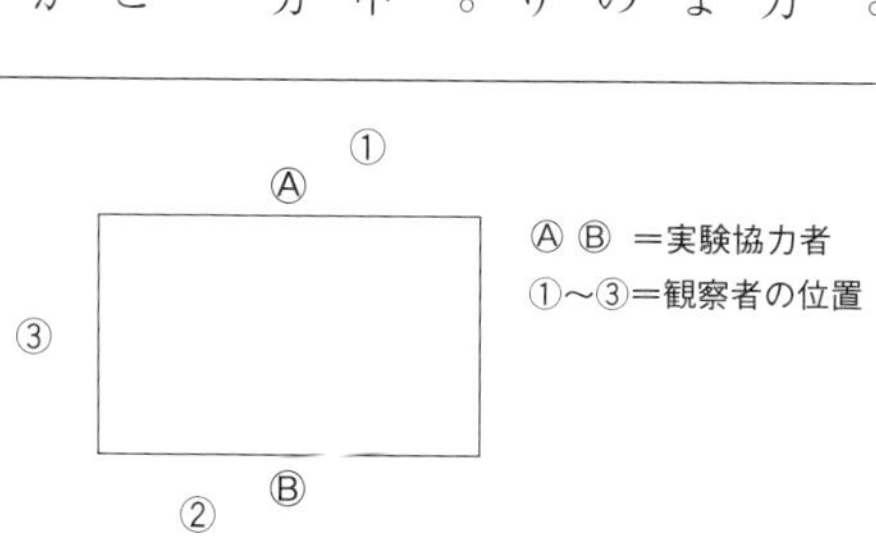

図23-2　会話の観察位置

●参考書

堀洋道（監修）／吉田富二雄・宮本聡介・松井豊（編著）（２００９）『新編 社会心理学 改訂版』福村出版

死刑を巡る賛否両論

24　死刑と権威主義

権威主義がどういうものか知っていますか。これは普通**F尺度**によって測定されます。F尺度はアドルノたちが作ったもので、1950年に『権威主義的性格』[1]という画期的な著作において、アメリカで発表されました。この研究のもとはナチズムの**人種差別**[2]で、ユダヤ人を主な差別対象としていました。第二次世界大戦前のナチス・ドイツの全盛とともに、ユダヤ人の一部はヨーロッパの国々を逃れ、アメリカなどの諸国へと渡りました。しばらくして、ヨーロッパ大陸に残ったユダヤ人の大多数は集められ、強制収容所に入れられます。そして、多くの人々が殺され、二度と自由になることはなかったのです。なぜ、これらの人は殺されなければならなかったのでしょうか。そして、なぜ、ドイツ人たちは被害者たちを黙々と殺し続けたのでしょうか。

F尺度は**権威主義的性格**を測定します。つまり、この尺度の得点が高い人は、強い者を好んで弱い者を嫌うという、古いタイプの体制順応型の適応をします。ドイツという「アーリア人」の国で、宗教の違うユダヤ人は嫌われ、弱い立場にいました。典型的なドイツ人でこの尺度得点の高い人が、少数で弱いユダヤ人を迫害したと考えられます。だから、偏見・差別の尺度として、F尺度は開発されたのです。ただし、この尺度には弱点があります。1950年といえば、まだ**因子分析**[3]が普及していませんでした。ですから、そのころに作られたF尺度は因子構造がしっかりしていません。しかし、この尺度はクロンバックのα[4]

1　Adorno, T. W., Frankel-Brunswick, E., Levinson, D. J., & Sanford, R. N. (1950)

2　racial discrimination

3　factor analysis

4　尺度の係数で信頼性を表わします。

が少し低いものの、偏見・差別を測定できるということは、間違いないとされています[5]。

ここでこの尺度を持ち出した意図は、**死刑制度**[6]に賛成である人は、F得点が高いからです。この結果は、わが国で得られました。日本人は死刑を支持することが多いのが特徴です。尺度の日本版の信頼性・妥当性を検討する研究で、死刑制度に賛成という相関が何回も得られました。残念ながら、日本版はまだ未完成です。しかし、死刑を支持する人たちが、F尺度で高い得点を得るということは知っていてよいことでしょう。日本人はどちらかといえば、この尺度で高い得点の人が多いのです。そういうことを考えれば、尺度を逆にした新しい尺度を作ったほうがよいのかも知れません。つまり、新しい尺度で高い人が、F尺度で低い得点を得るようにです。でも日本人の大多数が死刑制度に賛成であり、この尺度で高得点を得るということは、そんなに驚くことではないのかも知れません。

死刑制度

誰でも人を殺したら死刑になる。そう思ってはいませんか。しかし、殺人を犯して執行猶予になることがあります。2006年、殺人で執行猶予の者は119人、有罪の17%でした。この人たちは刑務所に行きません。たとえば、嘱託殺人と呼ばれることもある、身内の殺人があります。死にたいと言っている人を死に至らしめた場合で、特に被害者が病気にかかっているとか余命が長くないときには、このように加害者に執行猶予がついたりします。殺される側に何の罪もないというのは、じつはほんの少数であり、大多数の殺された人は、何らかの落ち度があるものです。もちろん、死に至らしめるべきような重大な落ち度がある人はないと言ってよいでしょう。しかし裁判の途中で、特に検察側の議論では、被害者の落ち度

---

5 Stone, W. F., Lederer, G., & Christie, R.（Eds.）(1993)

6 死刑 death penalty、死刑制度 capital punishment

はまず出てきません。出てきても、できるだけ被害者の責任を軽くしようとします。

過去の処刑例を見ると、間違って死刑にされた人がいるように思われます。そのような「間違い」を認める判例はまだありませんが、人間のやることに過ちはないと言えないように思います。国際人権団体アムネスティ・インターナショナルが2009年度の死刑に関する報告書を公表しました。それによると、中国だけで1000人以上、他の国で少なくとも714人の死刑が執行されたとしています。中国に次いで死刑執行が多かったのは、イランの388人、イラクの120人、サウジアラビアの69人です。アメリカは52人、日本は7人ということです。これはアムネスティの独自調査によるもので、実際にはさらに増える可能性もあると言われています。この調査によれば、世界で死刑を廃止している国は104ヵ国で、死刑制度を残しているが10年以上執行がない35ヵ国を加えると、139ヵ国が事実上の死刑廃止国となっています。その反対に、死刑制度を残している国は58ヵ国・地域ありますが、この年、執行したことがはっきりしているのは、日本を含めて18ヵ国にとどまったといいます。つまり、日本はごく少数のうちに入り、国連の国際人権規約委員会からさまざまな勧告を受けており、国際世論の批判も強いといわれています[7]。

殺人数の意味

日本の死刑執行は、わが国の殺人率を考慮すると、異常なレベルにあります。わが国の殺人は1997年度で719人となり、殺人率は10万人あたり0・6人で、世界最低の水準です。つまり、わが国は殺人率ではいちばん低いほうなのに、死刑が残っている不思議な国です。これに比べると、たとえばアメリカ（1998年度）は殺された者が1万7893人で、

7　毎日新聞2010年8月28日（土曜日）

殺人率はわが国の約10倍、10万人あたり6・9人となっています。死刑を廃止しているヨーロッパ諸国は日本に近く、殺人率で1・0以下の国が多いのが目につきます。これを見れば、死刑廃止が殺人の増加につながるというのは、間違っている考え方ではないでしょうか [8]。

じつは、死刑執行の報道が殺人数の増加につながるという有力な論文 [9] があります。これは1959年から1990年の約30年間のわが国の報道を細かく分析したタイム・シリーズ・データをもとにしています。それによると、死刑執行の報道1件ごとに、殺人の発生数がその後の1ヵ月で2・97件増えており、2ヵ月で4・59件増加しているといいます。死刑判決でも、その報道後の1ヵ月間に殺人が増加しています。無期懲役の判決や無罪の報道では、そのような傾向は見られず、放火、強盗、強姦の報道にも、特に目立った傾向はなかったといいます。1件の処刑報道が、3組～5組のさらなる「遺族」を生み出す――これは、被害者・遺族だけの問題ではありません。死刑執行のこのような傾向は、死刑制度をなくす前のヨーロッパや、制度を残したアメリカでも見られると言われています。つまり、死刑制度をなくしたら、人殺しは増えるのではなく、減ると考えられます。

それから、日本は自殺数が多いのはどうしてでしょうか？ 1998年から死者が3万人を超え、自殺率が高い国に入っています。低い国に比べると、約10～15倍の自殺率であり、2002年度のランキングでは国内の死因の6位に入っています。これは世界の死因では自殺が13位、殺人が22位なのと好対照です。（わが国では殺人数は少ないので、死因ランキングにランクされません。）また、わが国の1994年の自動車事故による死者は1万3712人（2010年は4863人）であり、同年の殺人被害者789人の17倍以上になっています。このように、殺人が多いか少ないかは、比較する数字によっても変わってきます [10]。

---

8 宮崎学・大谷昭宏（2004）

9 Sakamoto, A., Sekiguchi, K., Shinkyu, A., & Okada, Y. (2003)

10 2002年度の日本の死因ランキング（厚労省）2000年度の世界の死因ランキング（WHO調べ）

●参考書
小城英子（2004）『「劇場型犯罪」とマス・コミュニケーション』ナカニシヤ出版

25 弁護の心理

被告人の運命の分かれ道

被告人が有罪か無罪かは、検察側と弁護側の主張のどちらがもっともかで、決めるのではありません。あくまでも検察側の主張が間違っておらず、合理的・論理的な疑問を差しはさむ余地がないほど確実に正しいことが検察側によって証明されなければ、無罪なのです。だから、無罪判決は時として有罪の「匂い」がするものまで含まれます。しかし場合によれば、弁護側の主張が裁判官・裁判員に逆方向に評価されて有罪になったのでは、と思われることが、わが国ではあります。弁護側の主張が弱いことが有罪の証明ではないのですが。

事件性について

犯罪の事実があったか、分からない事案がじつは多数あります。ここでは、広島港フェリー甲板長殺人事件を取り上げます。１９９４年1月4日、広島湾内で瀬戸内海汽船会社のフェリー「石出川丸」の甲板長の水死体が発見されました。同人は12月20日から行方不明でした。ところが1月6日、同甲板長を海に突き落として溺死させ、預金通帳から30万円あまりのお金を引き下ろしたとして、「犯人」が逮捕されました。銀行のビデオにお金を引き下ろしているのが映っており、取り調べで2時間もたたないうちに甲板長殺しも認めました。12月19日の夜に石出川丸に誘い出し、海に突き落としたというのです。船のそばで突き落としたと、手書き・図入りの上申書を提出したのですが、石出川丸はその晩、いつもの場所に停泊していなかったことが分かったのです。結局、手書きの図面が「証拠」になり、１９９７年７月に殺人などについて無罪の判決がありました。ただし銀行に出した有印私文書偽造などについてのみ有罪になり、懲役２年で執行猶予３年が言い渡されました。

真相は、被害者はギャンブル好きで家にいられなくなり、11月ころから被告人のアパートに転がり込んだのです。そして被告人に30万円を超える借金があり、ボーナスが入ったら返す約束がありました。また死体が見つかったのは石出川丸から４キロも離れていたので、結局、事故あるいは自殺の可能性が捨て切れませんでした。それなのに、どうして虚偽の自白をしたのでしょうか。被告人は**迎合性**や**被誘導性**、**被暗示性**[1]が高いと言われています。だから、銀行での違法行為をつかれ、殺人行為を認めたのでしょうが、その心理は普通の人には分かりません。でも圧力により、短時間に、容易にうその自白をする人がいることを知っておく必要があります。というか、ほとんど誰でも何らかの理由で、２〜３日の取り調べを受けるうち、自白するものです。結局、殺人という犯罪行為があったのか。たぶん、なかったと思われますが、この例では分からないのです。

事件性、違法性、同一性、そして意図性[2]

刑事事件で有罪とするためには、証拠に基づいて、つぎの検討が必要です。まず**事件性**ですが、何らかの事件が起きていなければなりません。たとえば死体が見つかっても、殺人とは限らず、自殺死、事故死や病死の可能性もあります。ほんとうに事件かどうか、慎重な検討や証明が必要になるのは、すでに述べたとおりです。加えて**違法性**が必要になります。何らかの事件や出来事があったとして、つぎにそれを起こした行為が処罰され

1　迎合性 compliance、被誘導性 induction、被暗示性 suggestibility Gudjonsson, G. (2003)

2　事件性 incident, incidentality、違法性 illegality、同一性 identity、意図性 intentionality

るものとして、法律に規定されていることを検討する必要があります。これらは有罪認定の判断において必要な数少ない法的要素で、裁判において求められる判断のほんの一部でしかありません。そして、その他のほとんどは、法律のしろうとにも可能な、事実に関する判断や、常識的な判断ということができます。

そして、検察側は、被告人が犯人と同一人物であることを、証拠によって証明しなければなりません。物証や証言により、被告人が犯人であるとの証明が試みられますが、この点における判断の誤りで、冤罪の生じる可能性が少なくないのです。そして、最後の**意図性**ですが、被告人の犯行意図の有無が問題になります。というのも、犯罪であるという認識や故意がない行為は有罪にできないからです。たとえば**殺人**[3]で有罪にするためには、**殺意**[4]の証明が必要です。「死んでもかまわない」という気持ちで実行すれば、「未必の故意」の殺人になります。逆に殺意がなければ、被害者が死んでも、殺人で有罪にされることはありません。しかし被害者の死亡という結果を防ぐ責任があり、防ぐことが可能であったと証明されれば、**過失罪**[5]になります。

ＤＮＡ鑑定の落とし穴

１９９０年５月、栃木県足利市で4歳の女児が殺されました。足利事件の始まりです。それから１年半以上たった１９９１年12月にSさんが逮捕されます。これが**ＤＮＡ鑑定**[6]の最初期の例でした。１９９３年７月、前年12月から否認に転じたにもかかわらず、ＤＮＡ鑑定の証拠能力を認め、無期懲役[7]の判決がありました。１９９６年５月には控訴棄却[8]、２０００年７月には最高裁判所が上告棄却[9]して確定し、ＤＮＡ鑑定の証拠能力[10]を認め

---

3 murder, homicide

4 intent to kill

5 negligence

6 DNA analysis

7 indefinite prison term

8 dismissal of an appeal, discontinuance

9 denial of the final appeal, denial of the Supreme Court

10 admissibility of evidence

11 new trial, retrial

12 警察庁科学警察研究所開発の「ＭＣＴ１１８型」というものでした。

13 こんな数字になるというのですが、これは間違いでしょう。なぜなら、外国と日本ではＤＮＡ分布が同

る判断が初めてありました。わが国にＤＮＡ鑑定が裁判の証拠として認められた最初の例でした。ところが２０１０年3月の再審公判[11]では無罪の判決がありました。検察は1月前の公判でＤＮＡ分析をもとに「真犯人でないＳさんを起訴し、申し訳ない」と謝罪し、無罪論告して結審しました。Ｓさんは前年の6月に釈放されましたが、刑務所に17年半も入れられたのです。

さて同事件は捜査段階で実施された鑑定[12]で、犯人とＤＮＡが合致するとして有罪とされたのですが、この鑑定は今使われていません。現在、警察庁で使われているのは「マルチプレックス法」と呼ばれる方式で、Ｓさんの再審にも使われました。この方式では計算上、ある特定の型を持つ人は、多くても4兆７０００億人に一人以下となるというのです[13]。実際の鑑定では、血液、唾液、粘膜、毛髪など、さまざまな資料からＤＮＡを抽出します。資料が比較的新しく、十分な量があれば分かりやすいのですが、何年も前の資料や微量では分析できないこともあります。また、この数字は正しくても、それが得られる過程が問題になります。分析結果がはっきりしないのに強引にＤＮＡ型を決めたり、資料が汚染されたりして、分析の精度は上がっても間違いの恐れが残っています[14]。

同じ足利市で１９７９年と１９８４年に5歳女児の誘拐殺人事件が起きていました。Ｓさんは逮捕後、未解決だった二つの事件へ関与したことについても、虚偽の自白をしました。これらの事件には足利事件と共通する点がありました。１９７９年の事件の遺体は足利事件の遺体の見つかった河川敷の対岸で見つかりました。１９８４年の事件では、被害者はパチンコ店の周辺で行方不明になっています。これらの事件では結局、Ｓさんは不起訴処分となり、その後、事件は公訴時効となっています[15]。

じではないと思われます。そして母集団（日本人の人口は1億２５００万人として）より大きい統計って、想像できますか？　そんなものはありません。

14　たとえば、資料の汚染を防ぐため、資料の取り扱いには手袋やマスクが欠かせません。

15　そのような背景から、冤罪をなくすため、取り調べを密室で行うのではなく、ビデオ録画して室内を監視してほしいとＳさんは訴えています。

しかし、被疑者を弁護士の立ち会いなしで取り調べるのは、日本の他にはほとんどありません。取り調べられる者が望むのに弁護士の同席が認められないのは、民主国では日本だけと思われます。韓国やモンゴルでも認められているといいます。

●参考書
R・ミルン、R・ブル／原聴（編訳）（２００３）『取調べの心理学――事実聴取のための捜査面接法』北大路書房（Rebecca Milne & Ray H. C. Bull (1999) *Investigative interviewing: Psychology and practice.* John Wiley & Sons.）

26 意思決定とフレーミング

簡便な判断の損得

最大で６００人が死ぬことが予想される、特異なアジア病に襲われる準備を、アメリカ合衆国がしているとしましょう。二つのプログラムがその病気のために提案されました。それぞれのプログラムの根拠ある科学的な見積もりはつぎのとおりとします。

（１）プログラムＡが採用されれば、２００人の命が助かります。

（２）プログラムＢが採用されれば、６００人が助かる確率は１／３ですが、一人も助からない確率は２／３です。

二つのプログラムのうち、どちらが良いと思いますか。

それでは、つぎのような場合には、どちらを選びますか。

（３）プログラムＣが採用されれば、４００人が死にます。

（４）プログラムＤが採用されれば、１／３の確率で死ぬ人は一人も出ませんが、２／３の確率で６００人が死にます。

これらをスタンフォード大学とブリティシュ・コロンビア大学で聞いたところ、（１）と（２）ではプログラムＡのほうが良いという人が多かったのに、（３）と（４）ではプログラムＤのほうが良いと答えた人が多かったということです[1]。しかし、よく見ると、プログラムＡとＣは「同じ」結果です。プログラムＢとＤも表現を変えただけで、効果についてまったく同じことを述べています。つまり、問題は同じことなのに、結果はまったく反対にな

1　プログラムＡを推薦したのが72％、プログラムＢが28％（N＝152）。反対に、プログラムＣを選んだのが22％、プログラムＤが78％（N＝155）とツバースキーとカーネマンの論文に書いてあります。
Tversky, A. & Kahneman, D.（1981）

2　エイモス・ツバースキー Amos Tversky、ダニエル・カーネマン Daniel Kahneman. カーネマンは２００２年度にノーベル経済学賞を受賞しました。ツバースキーはノーベル賞を受ける前に、１９９６年に亡くなっています。

3　framing effect

4　risk

5　gain

6　loss

7　expected utility model

りました。イスラエルからアメリカに渡ったツバースキーとカーネマン[2]の発見した**フレーミング効果**[3]の実例です。

（1）と（2）では、確率的な表現が入らないほうが好まれるのに対し、（3）と（4）では、入ったほうが好まれています。前者では**リスク**[4]を嫌うのに、後者ではリスクがあるほうを望んでいます。一般に、**利得**[5]についての表現ではリスクが避けられますが、**損失**[6]の表現だとリスクを厭わない選択が多くなると言われています。つまりフレーミング効果は、表現の形式によって、実質では変わらないのに、人々の選択が大きく変わることを意味します。これは人々が選択肢を選ぶのに理性的な判断をすると想定する従来のモデル、**期待価値理論**[7]では説明できません。これは**規範的モデル**[8]ですが、ツバースキーとカーネマンはこの仮定が正しくないことを示し、期待価値理論を修正した**プロスペクト理論**[9]という**記述的モデル**[10]を提案しました。

プロスペクト理論は二つの部分からなります。一つは仮説的な価値曲線です。この曲線は一般にSの字を描きますが、マイナスの部分はプラスに比べ、傾きが急になっています。これは利得に比べて、損失を嫌うためです。もう一つは、数値は確率pの単調曲線である、決定加重$\pi(p)$によって乗ぜられています。もとの期待価値理論では、単純に確率によって決まりますが、プロスペクト理論ではこの決定加重によって決定されます。規範的モデルと比べると、まず、曲線の端は決まりませんので、両端は不明です。また、低い確率のところで曲線は対角線よりも上に行きますが、中・高確率になると下になります。そして、確率が高くなるにしたがい、しだいに対角線から離れていきます（図26-1、26-2）。といっても、プロスペクト理論も、リスキー面の評価が近似であり不完全なうえ、単純化されていると言

8 normative model
9 prospect theory
10 descriptive model

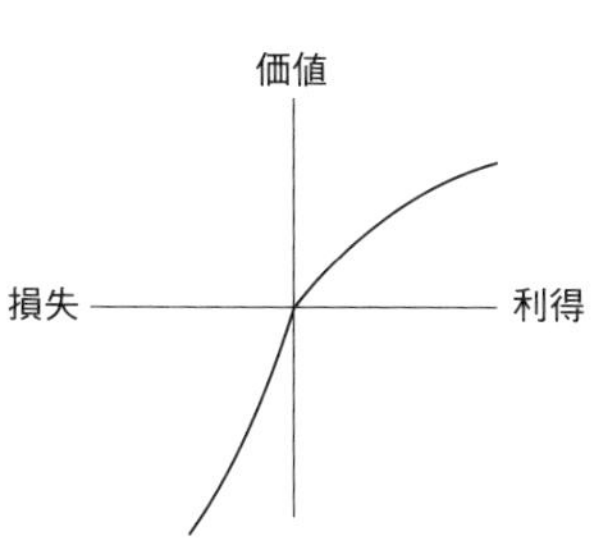

図26-1　仮説的価値曲線

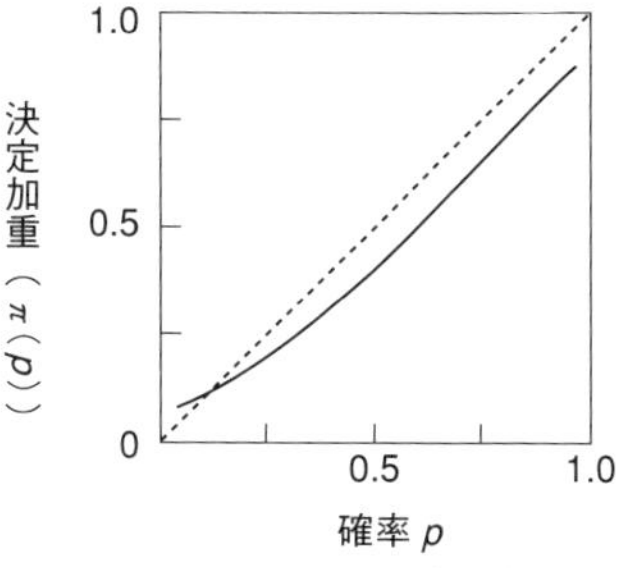

図26-2　仮説的な決定加重関数

えます。選好がうまくS字型の価値曲線と合わない人もいますし、一貫したセットの決定重みづけが当てはまるとも言えないのです。

自白の問題

刑事裁判をよく知らない人たちは、自白は真実を追究するためであると思っています。しかし、裁判の本質は事実関係を探り、真実を求めるというより、刑事責任を判断することにあります。**被告人**[11]が**自白**[12]しなければ有罪にできないのなら、否認事件[13]の裁判は成り立ちません。わが国では「内心の意図」を、裁判官と裁判員が判断しています。公判になって被告人が否認にかかわる事件においては、自白をとった捜査官が**証人**[14]として呼ばれ、その**任意性**[15]を裁判官と裁判員が判断することになっています。任意性とは、自白するときの被疑者の内心の意思のことに他なりません[16]。任意に自白するのも、犯行を意図するのも、意思・意図という面では同じです。これは「社会的判断」の一つであり、裁判官や裁判員のような第三者が下すべきものです。

また、本人の自白や言い訳は、判断のための参考資料でしかありません。学問で言えば、自己内省と言語報告[17]に頼る心理学は成り立たず、**内省**[18]という研究法は放棄されました。科学的心理学から見て、真犯人のみが真実を知っているというのは幻想でしかありません。だから本来、自白を重視する必要はないはずです。結局、内心の意思を認定するために自白が必要であるというのは正しくなく、本来なら他の証拠で立証すべきなのに、その証拠が十分にそろっていないから、自白が必要になると言えます。**黙秘権**[19]と弁護士立ち会い権であるミ**ランダ・ルール**[20]を認めても、自白がなくても、裁判は成り立たなければなりませ

11　defendant

12　confession

13　case of denial

14　witness

15　voluntariness

16　被告人が表面的に強く否定しても、自白の任意性という内心の意思を認定することは可能だと考えられます。

17　verbal report

18　introspection

19　right to remain silent

20　Miranda Rule.　ミランダ・ルールは、いくつかの要素がありますが、黙秘権が含まれています。また、取調べに弁護士の同席を認めなくてはなりません。被疑者に弁護士を頼むお金がなければ、国・州が費用を払って、つけなければならないことが含まれます。

ん。もちろん、第三者が判断しなければならないのは内心の意思に関することのみであり、事実関係には科学的な立証が必要です。そこには**合理的疑い**[21]の基準が適用されます。

そのことを考えると、わが国の司法は自白偏重になっていると思われます。自白をとるために暴力を使うのは論外です。しかし力を使わないでも、取り調べを受けているうちに、自白してしまうのです。これは、足利事件[22]だけではないでしょう。それなのに、取り調べの調書は密室の中で「書かれ」続けています[23]。調書は、もともと証拠としてはいけないのに、最後に署名・捺印してあれば、証拠としてしまっているのです。

アメリカの陪審裁判には、このような「調書」は出てきませんが、自白・告白したと誰かが証言するという形の、強制された自白の問題はあるようです。基本的にはわが国と同様、脅し・誘導・だましなどの手法を使うといわれます。その方法として、**極大化・極小化**[24]といわれるテクニックがあります。極大化は犯罪が重くて深刻と思わせ、証拠があるようによそおい、厳しい態度でのぞみます。極小化は反対に、その犯罪は軽く刑罰もたいしたことがないと思わせます。一方で被害者や共犯者を責め、他方では取り調べている被疑者に同情し、犯罪を正当化して、寛大な態度をとっているように振る舞います。それには、取り調べに2人があたり、ひとりが厳しい役、もうひとりがやさしい役を演じるのが普通のようです。

わが国における問題点は、このような手法の上を行くやり方にあるといってよいと思います。なぜなら、国際的に批判されている人質司法を実践し、**保釈**[25]の可能性のないまま、**代用監獄**[26]として密室に長期の拘束をし、孤立無援のまま取り調べるのです。接見交通や面会にも制限があります。そして、被疑者が2名以上いれば、違法の取り調べ手法である「切り違え尋問」などの手法を用いるといわれます。

21　reasonable doubt
Kassin, S.（2005）; Kassin, S.（1997）

22　「25　弁護の心理」参照。被告人は「暴力はなかった」と言っています。

23　可視化が言われていますが、取り調べを録音・録画しないのも、弁護人の立ち会いを認めないのも、先進国ではわが国だけと言ってよいでしょう。

24　maximization and minimization

25　bail

26　substitute prison

●参考書
庭山英雄・下村幸雄・木村康・四宮啓（編著）（1998）『日本の刑事裁判―21世紀への展望』現代人文社

27　集団力学

『12人の怒れる男』が生まれるまで

映画『12人の怒れる男』[1]を見ましたか。最初は有罪と考える陪審員が圧倒的に多いのですが、しかし、議論がしだいに沸騰し、一人、二人と意見を変えていきます。最終的に陪審員の意見はまとまり、被告人は無罪となり、めでたし、めでたし。でも最終的に判断がひっくり返るなんて、法廷での弁護人の仕事が、実際はうまく行ってなかったのか？　検察官は、無罪などとは、夢にも思わなかったのか？　などと、裁判を知っている者は思わされますが、皆さんはいかがですか？

集団力学研究のはじまり

集団力学（グループ・ダイナミックス）[2]は、クルト・レヴィン[3]が名づけました。

集団の活動に力学を応用しようと、レヴィンは考えました。心理学を、物理学の一分野である力学（ダイナミックス）のような学問にしようと考えたのです。力学と考えれば、法則に普遍性があり、また実用性があります。そして、力学には時間と変化があります。つまり、時間につれて変化してゆく、その道すじの法則性を捉えようと考えたのです。たとえば、自尊心というものがあります。誰でも、自分がいちばん大切なのです。大切ではないという人はいるでしょうか。こころが病気の人を除いて、いないに違いありません。このように、われわれの行動には個人の違いを超えた法則性があります。その秩序を見出したいと考えたの

1　『12人の怒れる男』“Twelve Angry Men” １９５７年、シドニー・ルメット監督。

2　集団力学、グループ・ダイナミックス “group dynamics”

3　クルト・レヴィン Kurt Lewin（１８９０-２０４７）日本では本文のように呼びますが、アメリカでは「カート・ルーウィン」と呼ぶのが普通です。

レヴィンはベルリン大学の教員でしたが、ユダヤ系だったので、１９３３年に米国に逃れました。ナチスがドイツで力を持つようになったからです。１９３０年にはスタンフォード大学で教えたこともありましたが、移民してからはコーネル大学やアイオワ大学で教え、第二次世界大戦の終戦のころにはマサチューセッツ工科大学（ＭＩＴ）に移りました。そこで「集団力学研究所（Center for Group Dynamics)」を設立し、責任者になったのです。まもなく１９４７

です。

そして、レヴィンは**還元主義**[4]に反対でした。社会学が心理学、心理学が生理学、生理学が生物学、生物学が化学、化学が物理学で説明できるというのが還元主義です。心理学は生理学に還元できません。その他の理論レベルも同じことと考えたのです。集団の行動は、集団のレベルで研究しなければなりません。このようにして、小集団の研究から始め、社会の研究に進んでいこうと考えました。また、すぐに応用できる、実践的な研究を発展させることを追い求めました。その例として、**アクション・リサーチ**[5]の考え方があります。レヴィン学派の学者たちは、社会問題を直接的に解決するため、世の中に出て研究しました。「良い理論ほど、実践的なものはない」というレビンの言葉は、この考えを表しています。アメリカ哲学、なかでも**プラグマティズム**[6]が影響していたのでしょう。

評議と集団力学

さて、よくアメリカ人は**個人主義的**[7]で、日本人を含む東洋人は**集団主義的**[8]であるといわれます。しかしこれらは反対の概念として、一義的に対比できるのでしょうか[9]。どうも、東洋の集団主義はアメリカの集団主義と違うのではないか。そんな感じがします。ここでは、集団力学に関係した考えを学びたいと思います。そして、個人主義的ではあるけれど、陪審という集団主義を受け入れる、アメリカ人の理解を試みましょう。

まず事実認定者である陪審の人数です。合衆国では原則として12人ですが、最小6人の陪審でも合法であると最高裁判所が認めました。また12人陪審の場合、9人の賛成で有罪とできる州もあります。しかし重い刑罰の場合、12人の全員一致[10]が有罪には必要です。アメ

年には亡くなってしまうのですが、実証的な社会心理学を始めた一人として大きな影響を与え続け、「レヴィン学派」は1970年代の終わりころまで、アメリカ合衆国の実証的・実験的社会心理学の中枢を占めました。時は過ぎ、集団力学研究所はミシガン大学に移りましたが、「個人主義の国」アメリカで集団力学は大発展を遂げたのです。

4 reductionism

5 action research

6 pragmatism

7 individualistic

8 collectivistic

9 日本人はほんとうに集団主義的か、についての検討は、高野陽太郎・櫻坂英子（1997）を参照。

10 unanimous decision

リカの心理学者たちは、すべての裁判で陪審を12人に、そして決定方法を全員一致にすべきだとしています。というのも、人数が少ないと、人種的マイノリティが陪審に選ばれにくくなりますし、少数派の人数も少なくなってしまいます。集団討議で少数派が一人であるのと2人いるのでは、大きな違いがあります。それに比べると、日本の裁判員制度は全部で9人、しかもそのうちに裁判官が3人もいます。

その上、日本では**多数決**[11]です。裁判官が多数派にいなくてはならないという規定が裁判員法にありますが、とりあえず、それは置いておきましょう。単純な多数決で決めるということは、5／9でよいということになります。そういう数字で有罪－無罪が決まるのではないかと懸念されます。アメリカでは「疑わしきは罰せず」[12]という大原則があるため、多数決でなく、全員一致でなければ（少数の州の軽罪を除いて）、有罪にできません。少しでも疑いがあるときには「有罪にあらず」となるのです[13]。そして、日本では有罪か無罪か、有罪の場合は刑罰までを決めますが、アメリカの陪審裁判は被告人が無罪を主張し、裁判になっているものだけを、原則として、有罪か有罪にあらずかを決めます[14]。つまり、アメリカでは訴えられている人が罪を認めてしまえば、陪審裁判にならず、すぐに刑期が言い渡されます。そこには情状証人もいません。このように、二つの国には違いがあります。日本の裁判員裁判で刑事裁判の原則、すなわち無罪の推定、検察の立証責任、そして合理的な疑いの基準がうまく守られているのか、考えてみる必要がありそうです。

集団力学にはリーダーとリーダーシップの研究もあります。たとえば陪審長がどのように選ばれ、そのことが結果にどのような影響を与えるかとか、評議の始まりに陪審長が有罪に傾いているか有罪にあらずと思っているかということの影響や、陪審長の個人的な特徴が評

11　majority, majority decision

12　「22　陪審制度」参照。

13　全員一致で無罪を答申したなら、検察は何もできませんが、陪審の意見が一致しない場合があります。その場合、検察は理論的には何度でも起訴し直すことができます。しかし、予算のこともあり、複数回の裁判は例外的です。

14　検察が死刑を求めているとき、有罪の評決をしたなら、続いて、死刑にすべきかを陪審が決めます。これは2002年6月の連邦最高裁判所の判決によりますが、陪審による刑罰についての数少ない判断です。

議のあり方にどのような影響を与えるか、さまざまな研究が可能です。また、評議の研究では、それが始まる時点での多数派の意見が最終的な評決結果になる確率がとても高いということが分かっています。たとえば、実際の裁判についてのデータを分析したキャルヴェンとザイセルの古典的研究[15]では、実に97%が陪審の初期意見のとおりの結果になっていました。この数字については、評議がむだではないかという意見も可能ですが、たとえ少数であっても初期意見どおりにならない裁判があることが重要であるという考え方もできます。問題は少数の難しい事件であって、そのようなケースでは初期意見が有罪と有罪にあらずに大きく分かれたとしても、真剣で熱のこもった細かな評議を行うことで、ときには最終的に最初の意見と違う結論を出すことも可能になります。

地域社会の代表である陪審が、地域社会の視線を意識し、できるだけ徹底した評議を行うことで冤罪・誤審が生じることがないようにするのが当然のことでしょう。それに加え、全員一致に向かっての議論は、最終的に陪審員が評決と同じ意見を持つことを意味します。もともと、集団評議は、個人の意見であれ全体の意見であれ、極端にすることが知られています[16]。全員一致ルールは、極性化・極端化をさらに確実に起こし、意見が合致するように仕向けるわけです。いずれにしても、少数派を説得するには、証拠を詳しく検討し議論を尽くさなければなりません。仮に結果が変わらないにしても、議論を続けることにより、事件についてよりよく理解でき、より適切な判断ができるようになるということができるでしょう。

---

15 Kalven, H. & Zeisel, H.（1966）

16 Isozaki, M.（1984）

●参考書
黒沢香（２０１０）「裁判の心理学」山岡重行（編著）『サイコ・ナビ 心理学案内』第８章第２節 Pp.312-322.
法と心理学会・目撃ガイドライン作成委員会（編）（２００５）『目撃供述・識別手続に関するガイドライン』現代人文社
菅原郁夫・サトウタツヤ・黒沢香（編）（２００５）『法と心理学のフロンティア Ⅰ巻 理論・制度編、Ⅱ巻 犯罪・生活編』北大路書房

28　極性化

集団討議がもたらすもの

陪審裁判の決定は、普通、陪審員の全員一致です。でも、陪審が通常決めるのは有罪・無罪だけです。無罪の場合、被告人は放免され、米国では検察の**控訴**[1]がありませんから、何もできません。有罪の場合だけ、刑期を決めるのは裁判官ということになります。連邦最高裁の**判例**[2]が変わり、死刑が求刑されて有罪のとき、陪審がもう一度、死刑にするかどうかを議論することになりましたが、刑罰を決めるのは裁判官の役割となっています[3]。

リスキー・シフトと極性化現象

そのアメリカで、陪審のような集団と、個人で行う意思決定を比べることが、集団力学の重要な課題になりました。そして意外な結果が発表されました。集団は個人の決定に比べ、リスクが高いほうへ動く**リスキー・シフト**[4]というのです。

まず、この場合、リスキーというのは、危険性が高いという意味ではありません。リスキーにはそういう意味もありますが、この場合、あれかこれか、**二律背反**[5]の選択をしなければならない場合、たくさんの人で相談すると個人で判断する場合よりも、より大胆で極端な選択に向かう、つまりリスクが大きいほうへ行くというのがリスキー・シフトです。選択に伴うリスクの可能性・確率を低く見積もるという意味だと考えてよいでしょう。

具体的に見てみましょう。Aさんは今の仕事だと退職まで収入が大幅に増える見込みはあ

1　appeal

2　Ring v. Arizona, 536 U. S. 584 (2002)

3　もっとも米国の場合、裁判官の判断で刑期が決まるといっても、その裁量の幅はごく限られているといわれています。執行猶予（suspension, suspended sentence）もあまりないようですし、それになにより、陪審によらない判断も多いのです。つまり、被告人が有罪を認めている場合は陪審が関与しないで、裁判官は被告人に確かめながら、その場で刑期を言い渡します。その場に証人はいませんし、検察官と弁護士が刑罰の適切さを確かめるだけで、普通は何も言いません。言い渡される刑罰は陪審裁判より、少し軽くなるといわれています。「手間・ひま」がかからないので、条件に合えば刑期が短くなるわけです。

4　risky shift

5　trade-off, paradoxical information

りません。あるとき、新設の子会社からスカウトがかかりました。報酬は今よりはるかに多いし、将来、会社が大きくなれば、重役になれるといいます。しかし、会社が大会社との競争に勝ち残り、成功するかどうか分かりません。リスクはかなり大きいのです。少なくともどの程度の公算がなければ、Aさんはこの勧誘に応じるべきではないと考えますか？

新会社が成功する確率が10に1つの場合
新会社が成功する確率が10に3つの場合
新会社が成功する確率が10に5つの場合
新会社が成功する確率が10に7つの場合
新会社が成功する確率が10に9つの場合
いずれの場合でも、元の会社を辞めるべきではない

実験では、まず個人ごとに答え、つぎに6人集団で討議して一つの回答を出し、最後に再び個人で意思決定してもらいました。その結果、グループの結論は個人ごとの決定の平均と一致しませんでした。リスクが高い、大胆なものになったのです。また集団討議後の個人の判断は、さらにリスクが高い方向に変わりました。つまり、グループ討論の後、個人は集団の平均よりリスクの高い答えを選んだのです。ということで、この傾向はリスキー・シフトと呼ばれることになりました。

ところが、判断材料が違うと、逆のシフトが起こることが分かってきました。グループ討論で、リスクの低い方策を選ぶことがあるというのです。これは**慎重シフト**と呼ばれています。結局、グループで討論すると、結果はリスキーなほうか慎重のほうへ、**極性化**[6]するのです。日本人の場合には、リスキーや慎重さへの変更と違い、時と場合によっては極性化

6　polarization

しない、つまり平均的な方向へ行くという研究もあります。少なくとも討論後の変化は、リスキー・シフトか慎重シフトかという、決まった方向ではないと言えるでしょう。しかし、陪審は有罪か有罪にあらずかを決めなくてはなりませんから、必ず極性化します。どちらかしか選択肢はないわけで、もしそうしなければ、審理不能ということになってしまいます。

集団思考

集団の**凝集性**[7]は私たちの結束を強めますが、時には思考を不明確にし、意思決定を悪くしてしまうときがあります。ジャニス[8]は**集団思考**[9]と呼ぶ現象をあげて、集団意思決定の問題点を指摘しました。集団の凝集性と団結の維持が、結果よりも大切になってしまうというのです。集団思考が起こるのは、集団の凝集性が高く、反対意見をよく知らず、リーダーが自分の意見を周囲に知らせているときだと言います。そして、リーダーはその意見に沿って進むのを当たり前と考え、そのためにどうしたらよいのか、集団に考えるように求めるのです。このような前提条件があったとき、つぎのような症状が出るといいます。

その集団は自分たちが絶対に間違わないし、負けることはないと思います。そうすると、集団の高い「やる気」をくじいたり、他のメンバーに批判されたりするのを避けるため、反対意見を出さないという、自己的な検閲をしてしまいます。もし誰かが反対意見を言ったとしたら、集団はすばやく批判し、多数の意見にしたがうよう、圧力をかけます。その結果、集団のリーダーは自分の意見が正しいと思い、仲間が支持していると思うのです。このようにして、みんなが賛成したという、集団一致の錯覚をこしらえてしまいます。そのため、代替案をよく考えることなく、失敗したらどうしようかとか、選ばれた選択肢の良くない点と

7　cohesiveness
8　Janis, I. L.（1972）; Janis, I. L.（1982）
9　groupthink　Aronson, E., Wilson, T. D., & Akert, R. B.（2005）も参考になります。

かを考えることがないのです。

その例として、真珠湾攻撃に対応するアメリカ軍首脳部、北朝鮮を攻めるという朝鮮戦争におけるアメリカ軍の決断、ベトナム戦争のエスカレーション、ウォーターゲイトでの隠蔽工作がよくあげられます。スペースシャトル・チャレンジャーの爆発事故もまた集団思考のなせる技だといわれます。ただし、集団の凝集性はそれだけでは集団思考に貢献しませんが、他の要因とあいまって、リスクをもたらす場合があるといわれます。

では、集団思考を避けるためには、リーダーはどのような方法をとるべきでしょうか。

①方向性を持たず、いろいろな方策を考える。
②集団の凝集性を気にしていない、組織外の人に意見を求める。
③集団を下位グループに分け、それぞれの推薦を討議してあげさせる。
④秘密投票や、記名しないで意見を書く。

これらの方法で、ほんとうの意見や、仲間からの圧力に負けない考えを求めていく、といったところです。ところで、わが国のリーダーシップには、集団思考に陥っていないかという自省自体がないように思いますが、どうでしょうか。

凝集性が高い
集団は孤立している
強いリーダー
高いストレス
劣っている集団意思決定

↓

間違うはずがないと確信
自分たちが正しいと道徳的に過信
固定概念にとらわれた外集団の見方
自己検閲
服従するように直接的な圧力
全員一致の錯覚
リーダーを反対意見から保護

↓

可能性を確かめない
選ばれた選択肢の徹底した検討がない
情報がきちんと調べられない
まずく行ったときの対応策を考えていない

図 28-1　集団思考の症状（Janis, I. L. 1982 をもとに作成）

●参考書

堀洋道（監修）吉田富二雄・宮本聡介・松井豊（編著）（2009）『新編 社会心理学 改訂版』福村出版
安藤寿康・安藤典明（編）（2005）『事例に学ぶ 心理学者のための研究倫理』ナカニシヤ出版

29　刑罰の効果

後悔しない人に効果的？

裁判[1]は**犯罪**[2]ほど人々の興味を引きませんが、**刑罰**[3]は裁判ほども関心を持たれていないようです。しかし、現在の裁判と司法の制度は、犯罪を**抑止**[4]する効果が、刑罰に少しはあることを前提にしています。だから、期待されるような効果が少なければ、その前提をもとにした**司法制度**[5]も、また意味の少ないものになるでしょう。いったいぜんたい、司法の制度は刑罰という強制によって、何を得ようとしているのでしょうか。どんな効果を期待しているのでしょうか。

まず、刑罰には過去に向いている面があります。それは**応報**[6]という「目には目を、歯には歯を」という意味を持ちます。人は仕返しを求めるものですが、このことわざは、受けた害より大きな罰を与えてはならないという解釈も可能です。そして、過去に起きた逸脱である犯罪の責任追及としての、加罰ということになります[7]。加害者を懲らしめ償わせる、言うならば、悪を悪で相殺させようという考え方です。しかしながら、この考え方では、**被害者**は司法制度の「外におかれて」います[8]。できるだけ被害を補償し、犯罪以前の状態に戻すことが求められますが、加罰をもとにした司法制度にできることは多くありません。刑罰だけでなく、民事訴訟での損害賠償などを考えざるを得ないのですが、刑事事件の被害者にできることは限られています。そして、加害者は損害を補償できないことが多いのです。

また、刑罰には**功利的**[9]な側面も考えられます。すなわち、これからの犯罪を防止する

1　trial

2　crime

3　criminal punishment

4　determent

5　judiciary system, justice system

6　retribution, punitiveness

7　罰則の意味は、仇討ち・仕返し・報復に代わり、刑罰という形での「社会的な正義」を、罪を犯した者に実現しようとしていることになります。

8　わが国の最近の刑事訴訟法の改正や２００４年の犯罪被害者等基本法の成立で、被害者が裁判で求刑などができるようになりました。また、被害者（の家族）や弁護士が検察官と同席しますが、これと本文の修復的司法とは少し違うといわれています。

9　utilitarian

という目的です。刑罰にはまず、**特別抑止**[10]の効果が考えられます。犯罪が割りに合わないことを犯行しようとする者にさとらせ、刑罰を恐れることで再犯を防ごうとします。また**一般抑止**[11]は刑罰を広く知れ渡らせ、刑罰を受ける犯罪者を見せしめにすることで、犯罪の発生を防止しようとします。それから、隔離などによる**無害化**[12]という効果も考えられます。刑務所等により、罪を犯す者を社会から取り除くことで、犯罪発生を防ぐというものです。そして、刑罰の期間中に反省をうながし教育することで、より良い人間として更生したうえでの**社会復帰**[13]を目指す矯正もあります。これらはいずれも、刑罰によって、これからの犯罪発生を防止・低減させようとする、前向きのものです。つまり、罪を犯した人をより良い人間にしようとするか、犯罪者に刑罰を加えることによって、犯罪の発生を抑えようとしています。

それでは、こういう罰により、犯罪が起こらないようにできるのでしょうか。残念ながら、刑罰に功利的な効果は期待できないようです。まず、誤解しないでほしいのですが、大多数の犯罪者は再犯しません。殺人という犯罪でも大部分が初犯で、日本では2割弱に**執行猶予**[14]がつくのですが、再犯率は低いのです。再犯率が比較的高いのは窃盗や詐欺で、それも被害金額の少ないものが多いようです。そして、スキナー[15]の条件づけを思い出してください。正しい条件づけには**罰**[16]の概念がありません。もし強化したくない反応を行ったら、単純にその行動を強化しないだけでよいのです。しだいに、その反応は見られなくなっていきます。その文脈から見て、動物（の強化や消去）に刑罰の心理学はありえないということが分かると思います[17]。

10　specific deterrence

11　general deterrence

12　harmlessness

13　rehabilitation

14　suspended sentence

15　バラス・フレデリック・スキナー B. F. Skinner（１９０４‐１９９０）

16　punishment

17　もちろん、人間は違います。人間は損得勘定ができますし、刑罰の効果も考えられます。しかし、損得の勘定がきちんとできない人もいますし、刑罰があまりに「遠い」人もいます。そういうことも、刑罰の社会的学習に問題がある理由と考えられます。

修復的司法

厳罰によって犯罪が抑えられるという考え方がありますが、それはほんとうに妥当なのでしょうか。アメリカではカリフォルニア州を始め、厳罰によって囚人が増え、刑務所があふれて、財政的な負担になっているようです。しかし、刑罰が軽ければやるが、重ければやめるというような合理的判断が一般に可能とは思えません。合理的判断が関係しそうな交通違反・スピード違反でも、抑止効果があるのは罰金の金額ではなく、どれだけ摘発されるかという確実さにあるといわれます。そして、裁判終了時に反省していない被告人が、刑務所に送られて初めて後悔し、考えを変えることがあるでしょうか。でも、この考えについて議論を始めると、はじめは刑罰に望ましい効果があると考えていた人も、しだいに応報の考え方になってしまうように思います。また、わが国の大多数の被告人は、裁判が始まる前から、反省しているようです。だから、刑期についた執行猶予も役立つのかも知れません。

ジンバルドー[18]ほど知られていませんが、一緒に刑務所実験を行ったヘイニー[19]は、アメリカ合衆国の刑事政策、特に死刑制度と刑務所矯正制度を、厳しく批判しています。これらが著しく差別的であるだけではなく、犯罪の発生を予防することに貢献しておらず、かえってアメリカ社会を蝕んでいるというのです。また、心理的責任論にたって、犯罪の意図を細かく定義し、論理的な悪質さの程度に応じて刑罰の重さを変更するのは、理屈のうえでは悪質な犯罪を抑止するのに効果的なはずですが、現実にはまったく働いていないというのです。彼の論考は、刑罰に基づく司法制度への鋭い批判となっています。

社会的規範を守らせる方法として（図29-1参照）、一方の軸に「監督・指導」、他方に

18　フリップ・G・ジンバルドー（1933‐）Philip G. Zimbardo

19　Haney, C.（2005）; Haney, C & Zimbardo, P. G.（1998）

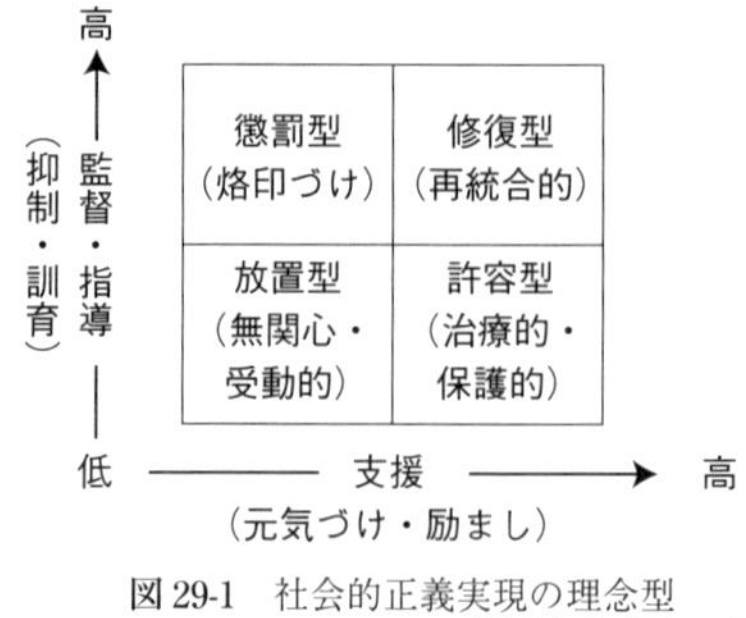

図29-1　社会的正義実現の理念型
（Mcold, P. & Wachtel, T., 2003[20]より加筆して引用）

20　McCold, P. & Wachtel, T.（2003）

「支援・関与」を考えてみましょう。それぞれが高低に二分化されて、四つの類型が可能になります。一つは「監督・指導」は十分されるが、「支援・関与」が不十分な懲罰型。もう一つは「監督・指導」は不十分ながら、「支援・関与」が十分な許容型。どちらも不十分な場合は放置型ですが、どちらも十分であるとき、修復型となります。懲罰型は、社会の規律が明示されますが、それを受けた者に対する支援やケアがなされないため、貼られた規律違反者としての烙印だけが目立ち、地域社会の中で孤立することになります。一方、許容型は治療的な対応ですが、対象者に対してのケアは十分であるものの、大切な社会の規律を厳格に示す機会がないため、甘えにつながり、善悪を学習しないまま、同様の言動を再発させるおそれがあります。放置型は論外ですが、最後の修復型こそが望ましい社会的規範の示し方です。一方では社会の規範を侵害したことを厳しく示して事の重大性を認識させ、そのうえで社会の規範を自主的に守るように「監督・指導」し、同時にそれがむだにならずに本人に受け入れられるよう、対象者を十分に支援していく方法です。生じた害を回復させるためには、「強い指導と豊かな支援」が必要ということになります。

これは**修復的司法**[21]の考え方の一つです。刑罰に基づく司法制度に、被害を補償し、犯罪以前の状況にもどす「現在や将来に向かった効果」は期待できませんが、修復的司法を取り入れると、刑罰の意味が大きく変わってくるかも知れません。しかし、まだ検討が足らないことと、応報という考えが強いためか、修復的司法は広く受け入れられていません。死刑にかんしては、修復的司法は反対と言わないようです。しかし、日本やアメリカはいまだに重罪には死刑を言い渡し執行していますが、ヨーロッパなど多数の国で死刑がありません。今後の議論に期待したいと思います。

21　restorative justice
細井洋子・西村春夫・樫村志郎・辰野文理（編著）（２００６）

●参考書
細井洋子・西村春夫・樫村志郎・辰野文理（編著）（２００６）『修復的司法の総合的研究――刑罰を超え新たな正義を求めて』風間書房
海保博之・楠見孝（監修）（２００６）『心理学総合事典』朝倉書店

30　犯罪者の矯正

再社会化とその道のり

刑期の中のある時点で委員会[1]が、刑の効果があがり、釈放しても社会に危険がないと判断すると、受刑者は**仮釈放**[2]されます。この点で、わが国もアメリカも違いがありませんが、仮釈放するかどうかでアメリカは公開の委員会を開くことが多いようです。仮釈放された受刑者は、一定の条件のもとで、判決における最長の刑期か、あるいはそれより短い、委員会が決定する時期まで**保護観察**[3]のもとにおかれ、仮釈放の条件に違反したり、新たな犯罪を起こしたりすると、仮釈放が取消しになり、再収監されることになります。

ある研究[4]では、ワイナーの達成状況における帰属理論[5]を援用し、犯罪の要因についての内的－外的、安定－不安定、意図的－非意図的の三次元が、仮釈放時の判断に影響を及ぼすとの仮説を立てました。この仮説は、学生を実験参加者とした場合にはおおむね支持されましたが、実際の仮釈放の委員や実務を担当する係官の判断では支持されませんでした。専門家にとって、この研究で使われた材料が簡単すぎ、情報が少なすぎたため、操作の影響が弱かったということも考えられます。しかし、仮釈放の判断を行う際に最も重要なのは再犯が起こらないこと、つまり仮釈放が社会に対して危険でないことですから、受刑する理由になった犯罪の原因がどのようなものかは、あまり関係がなかったわけです。安定－不安定の次元は、将来の行動を予測しようとするときにそれなりの意味がありますが、犯罪に関係した他の要因はそれほど重要ではなく、仮釈放の専門家が知りたがるのは、刑務所内での行

1　parole board. 仮釈放委員会。日本では地方更生保護委員会などと呼ばれています。

2　parole

3　probation

4　Carroll, J. S. & Payne, J. W.（1977）黒沢香（1999）

5　「21　責任能力」参照。

動であるという常識的な結果が出ました。

ここで問題になるのは、学生を使った研究と専門家を対象にした研究とで、違う結果が出たことです。これは判断の目標が、それぞれ違っていたからだと考えられます。つまり、専門家たちが行おうとしたのは、自分たちの判断によって、実社会に影響があるような仕事であり、学生たちが行ったのは、単に問題解決＝回答の実験課題であったということになります。何が犯罪の原因であるかは、事例の中に含まれた情報を分析することによって分かるのではなく、結局、帰属を行う人が持つ犯罪や犯罪者についての知識から決まってくるように思われます。帰属の過程で重要なのは、これまで提唱されたような一般的法則ではなく、何が何に関連があり、それがどういう意味を持つのかということを、暗黙のうちに判断するようなプロセスです。新しい帰属の理論のためには、判断者の知識が重要であり、それを直接的に、そして明示的に扱うべきでしょう[6]。

防犯の研究

そもそも刑事司法システムが存在するのは、人間社会に犯罪があるからです。なぜ犯罪が起こると、人々は考えるのでしょうか。どのようにしたら、防ぐことができると考えているのでしょうか。**防犯**についての研究[6]は、仮釈放と同様に、従来の帰属理論とは違った考え方を提案しているようです。つまり、一般に人々は犯罪を社会問題として捉えているのに、その対策としては、個人的な防犯を心がけるにすぎないという現在のあり方の矛盾を、この研究は指摘しています。多数の研究者がこのプロジェクトに参加し、人々が何を犯罪の原因として考え、何がその解決策となるか、そして自分たちが市内や地区の犯罪をどの程度コン

6　今までは、判断者の知識は間接的に、また婉曲的に理論の中で扱われていたのにすぎないのです。

7　Kidder, L. H. & Cohn, E. S.（1979）

トロールしていると感じているのかを調査しました。対象になったのは、三つの市内の十数地区でした。

　提案された理論は、研究現場の回答の速記録から帰納的に得られたものです。それによれば、第一の次元は加害者－被害者です。犯罪の原因と予防について話すとき、人々は加害者か被害者の役割に注目するといいます。たとえば麻薬や、合法的な仕事や遊びが少ないといったこと、低所得者層向けの集合住宅が犯罪の温床であるといった加害者側の原因の認識があり、被害者が不注意であった、愚かであった、自分で犯罪の原因になったと考えるのが被害者側の要因です。そして、犯罪が起こるのを防ぐ場合も被害者になるのを避ける場合も、どちらも防犯と呼ばれます。しかし、本来これらはまったく違ったことであり、これらが第一の次元と関連しています。第二の次元は、それらの原因が近接か遠隔かです。犯罪から時間的にさかのぼった時点の出来事や社会的状況などの、間接的な要因が遠隔的であり、時間的にも空間的にも、犯罪に直接的に結びついているものが近接的な要因と考えられます。

　それでは、犯罪の原因のうち、一般人が最も重要と認識しているのはどれでしょうか。著者たちはいくつかの世論調査の結果を引用し、また研究対象となった地区で構造化面接を行って、犯罪の主な原因としてあげられるのは加害者側の要因であって、しかも個人的な性格特性などではなく、社会的状況など遠隔要因であると結論しました。したがって犯罪を減らすには、論理的には失業と貧困を減らし、子どもたちに有意義な活動を与え、麻薬を取り締まり、警察や司法を改善

	被害者側	加害者側
近接要因	金持ちのような服装 年寄りが被害者になりやすい 被害者というのは一般に不注意だ	酒や麻薬を買うため 裁判官がすぐに留置所から釈放してしまう 司法制度が良くない 刑務所からすぐ出てくる
遠隔要因	地域が良くない 住民が居つかない ここは子どもを育てるような所ではない 人々が犯罪や防犯に無関心すぎる	若者の失業が多すぎる 親が子どもを放任しすぎだ 社会構造が犯罪を生む 貧困者向けの集合住宅が諸悪の根源だ 福祉制度が問題だ

図30-1　犯罪の近接要因と遠隔要因（黒沢, 1991）[8]

8　黒沢香（1991）

することです。しかし、そう考えるからといって、そのとおりに行動するとは限りません。一般に行われている防犯は、被害者側近接の要因での対策のようです。つまり、犯罪をなくすより、被害者になるのを避けようとするのです。

このように、人々が犯罪の原因とその対策について、まったく違った考え方を示しているのはどうしてでしょうか。それは、それぞれの判断における目標が違うから、という考え方があります。これまでの帰属の研究では、たいして重要な目標もない、ろくに内容もないような課題を提示して、単なる問題解決を行うようなものがほとんどで[9]、人々の帰属の過程をうまく表していない不十分なものだといえます。

新しい帰属の理論として、つぎの三つの段階が提案されています。

①判断者は目標を決めなくてはなりません。つまり、何のために帰属をするかです。これは現在の研究では軽視されている要因ですが、これが異なれば最終結果が違うことになりますから、無視できません。

②状況と行動者についての知識から、仮説がいくつか提起されます。ここで重要なのは、この帰属仮説が内的－外的というような、おおざっぱな次元やカテゴリーでないことです。これはたとえば「麻薬中毒のため」というような原因を特定した、因果関係のスキーマであるというのが、いちばん妥当な考え方でしょう[10]。

③第三の段階において、帰属仮説はその他の情報によって検定され、そのために必要な追加の情報を求める行動も起こすでしょう。また、この仮説検定にはたぶん、仮説を肯定するバイアスがあるでしょう。つまり、誤りであると却下されることが少ない仮説であり、人間の行う検定行動の一般的な傾向があると考えられます。この点への考慮が求められます。

9　しかも、その課題はどのような手がかりを与え、どのような答えを求めるか、あるいは文脈的な手がかりをできるだけ与えないようにするという点で、構造化されすぎており、こういった課題から導かれた結果が、帰属理論を支持してきたにすぎません。

10　内的－外的、安定－不安定、意図的－非意図的といった次元論は、あまり用いられません。

●参考書
黒沢香（1998）「心理学は裁判になにを貢献できるか」庭山秀雄・下村幸雄・木村康・四宮啓（編著）『日本の刑事裁判―21世紀への展望』現代人文社 Pp.49-75.

菅原郁夫・佐藤達哉（編集）（1996）『現代のエスプリ No.350　目撃者の証言 ── 法律学と心理学の架け橋』 9月号
山岸俊男（1990）『社会的ジレンマのしくみ ──「自分１人ぐらいの心理」の招くもの』（セレクション社会心理学）サイエンス社

パート・3

安藤寿康・安藤典明（編）（2005）『事例に学ぶ 心理学者のための研究倫理』ナカニシヤ出版
蘭千壽・外山みどり（編）（1991）『帰属過程の心理学』ナカニシヤ出版
細井洋子・西村春夫・樫村志郎・辰野文理（編著）（2006）『修復的司法の総合的研究 ── 刑罰を超え新たな正義を求めて』風間書房
法と心理学会・目撃ガイドライン作成委員会（編）（2005）『目撃供述・識別手続に関するガイドライン』現代人文社
海保博之・楠見孝（監修）（2006）『心理学総合事典』朝倉書店
小城英子（2004）『「劇場型犯罪」とマス・コミュニケーション』ナカニシヤ出版
黒沢香（1998）「心理学は裁判になにを貢献できるか」庭山秀雄・下村幸雄・木村康・四宮啓（編著）『日本の刑事裁判 ── 21 世紀への展望』 Pp.49-75, 現代人文社
黒沢香（2010）「裁判の心理学」山岡重行（編著）『サイコ・ナビ　心理学案内』第８章第２節 Pp.312-322, おうふう
Ｒ・ミルン、Ｒ・ブル／原聰（編訳）（2003）『取調べの心理学 ── 事実聴取のための捜査面接法』北大路書房
庭山英雄・下村幸雄・木村康・四宮啓（編著）（1998）『日本の刑事裁判 ── 21 世紀への展望』現代人文社
菅原郁夫・サトウタツヤ・黒沢香（編）（2005）『法と心理学のフロンティア　Ⅰ巻　理論・制度編、Ⅱ巻　犯罪・生活編』北大路書房
堀洋道（監修）／吉田富二雄・宮本聡介・松井豊（編著）（2009）『新編 社会心理学　改訂版』福村出版

参考書

パート・1

安香宏（2008）『犯罪心理学への招待 ―― 犯罪・非行を通して人間を考える』サイエンス社

藤岡淳子（編）（2007）『犯罪・非行の心理学』有斐閣ブックス

藤田博康（2010）『非行・子ども・家族との心理臨床 ―― 援助的な臨床実践を目指して』誠信書房

郷古英男（1978）『「うらみ」の心理』大日本図書

橋本和明（2011）『非行臨床の技術 ―― 実践としての面接・ケース理解・報告』金剛出版

トラビス・ハーシ／森田洋司・清水新二（監訳）（1995）『非行の原因 ―― 家庭・学校・社会のつながりをもとめて』文化書房博文社

石田幸平・武井槇次（編）（1984）『犯罪心理学 ―― 青少年犯罪者の生活空間と類型論』東海大学出版会

家庭裁判所調査官研修所（2001）『重大少年事件の実証的研究』財団法人司法協会

小林寿一（編）（2008）『少年非行の行動科学 ―― 学際的アプローチと実践への応用』北大路書房

松本俊彦（2005）『薬物依存の理解と援助』金剛出版

松下正明（総編集）（2006）『犯罪と犯罪者の精神医学』中山書店

澤登俊雄（1999）『少年法 ―― 基本理念から改正問題まで』中公新書

生島浩・村松励（編）（2007）『犯罪心理臨床』金剛出版

Ｅ・Ｈ・サザーランド、Ｄ・Ｒ・クレッシー／平野龍一・所一彦（訳）（1964）『犯罪の原因』有信堂

田口真二・平伸二・池田稔・桐生正幸（編著）（2010）『性犯罪の行動科学 ―― 発生と再発の抑止に向けた学際的アプローチ』北大路書房

パート・2

Ｒ・ブルほか／仲真紀子（監訳）（2010）『犯罪心理学 ―― ビギナーズガイド』有斐閣

法と心理学会・目撃ガイドライン作成委員会（編）（2005）『目撃供述・識別手続に関するガイドライン』現代人文社

委員長Ｐ・Ｂ・デブリン卿／庭山英雄（監訳）（2000）『同一性識別の法と科学』信山社出版（デブリン・レポートの翻訳）

厳島行雄・仲真紀子・原聡（2003）『目撃証言の心理学』北大路書房

Richard H. Schneider, Ted Kitchen ／防犯環境デザイン研究会（訳）（2006）『犯罪予防とまちづくり』丸善

齊藤勇ほか（編）（1987-1999）『対人社会心理学重要研究集１～７』誠信書房

Psychology, 31, 410-414.

Snyder, M. L., Kleck, R. E., Strenta, A. & Mentzer, S. J.（1979）. Avoidance of the handicapped: An attributive ambiguity analysis. *Journal of Personality and Social Psychology, 37*, 2297-2306.

Stone, W. F., Lederer, G. & Christie, R.（Eds.）（1993）. *Strength and weakness: The authoritarian personality today*. New York: Springer-Verlag.

高野陽太郎・櫻坂英子（1997）「"日本人の集団主義" と "アメリカ人の個人主義" ── 通説の再検討」『心理学研究』*68*, 312-327.

Taylor, S. E. & Fiske, S. T.（1975）Point of view and perceptions of causality. *Journal of Personality and Social Psychology, 32*, 439-445.

Tversky, A. & Kahneman, D.（1981）. The framing of decisions and psychology of choice. *Science, 211*, 453-458.

Weiner, B.（1979）A theory of motivation for some classroom experiences. *Journal of Educational Psychology, 71*, 3-25.

221-233.

Kassin, S. (2005) On the psychology of confessions: Does innocence put innocents at risk? *American Psychologist, 60*, 215-228.

Kelley, H. H. (1967) Attribution theory in social psychology. In D. Levine (Ed.), *Nebraska symposium in motivation*, Vol.15. University of Nebraska Press. Pp.192-238.

Kelley, H. H. (1972a) Attribution in social interaction. In E. E. Jones, D. E. Kanouse, H. H. Kelley, R. E. Nisbett, S. Valins, & B. Weiner (Eds.), *Attribution: Perceiving the causes of behavior*. General Learning Press. Pp.1-26.

Kelley, H. H. (1972b) Causal schemata and the attribution process. In E. E. Jones, D. E. Kanouse, H. H. Kelley, R. E. Nisbett, S. Valins, & B. Weiner (Eds.), *Attribution: Perceiving the causes of behavior*. General Learning Press. Pp.151-174.

Kidder, L. H. & Cohn, E. S. (1979) Public views of crime and crime prevention. In I. H. Frieze, D. Bar-Tal, & J. S. Carroll (Eds.), *New approaches to social problems*. Jossey-Bass, 237-264.

黒沢香（1991）「法と帰属」蘭千壽・外山みどり（編）『帰属過程の心理学』第 5 章（Pp.129-166）ナカニシヤ出版

黒沢香（1995）「権威主義と刑罰の判断 —— 容疑者が日本人と外国人の場合」日本心理学会第 59 回大会（琉球大学）

黒沢香（1996）「陪審研究」菅原郁夫・佐藤達哉（編集）『現代のエスプリ 350　目撃者の証言』180-187.

黒沢香（1999）「法廷の社会心理」齊藤勇・川名好裕（編）『対人社会心理学重要研究集 6　社会心理学の応用と展開』第 5 章（Pp.127-161）誠信書房

黒沢香（1999）「法廷の社会心理」齊藤勇・川名好裕（編）『対人社会心理学重要研究集 7　社会心理学の応用と展開』第 5 章（Pp.127-161）誠信書房

McCold, P. & Wachtel, T. (2003) In pursuit of paradigm: A theory of restorative justice. Presented at the XIII World Congress of Criminology. Rio de Janeiro, Brazil.

宮崎学・大谷昭宏（2004）『殺人率：日本人は殺人ができない！ —— 世界最低殺人率の謎』第 1 章, 太田出版

Ring v. Arizona, 536 U.S. 584 (2002) http://supreme.justia.com/us/536/584/case.html

Sakamoto, A., Sekiguchi, K., Shinkyu, A., & Okada, Y. (2003) Does the media coverage of capital punishment have a deterrence effect on the occurrence of brutal crimes?: An analysis of Japanese time-series data from 1959 to 1990. In K. Yang, K. Hwang, P. B. Pederson, & I. Daibo (Eds.), *Progress in Asian social psychology: Conceptual and empirical contributions*. Westport, CT: Praeger. Pp.277-290.

Schulman, J., Shaver, P., Coleman, R., Emrich, B. & Christie, R. (1973). Recipe for a jury. *Psychology Today*, May, 37-44, 77-84.

Sigall, H. & Ostrove, N. (1975) Beautiful but dangerous: Effects of offender attractiveness and nature of the crime on juridic judgment. *Journal of Personality and Social*

Sommers, P. & Moos, R. H. (1976) The weather and human behavior. In R. H. Moos (Ed.), *The human context: Environmental determinants of behavior* (Pp.73-107). New York: Wiley.

Tversky, A. & Kahneman, D. (1981) The framing of decisions and the psychology of choice. *Science, 211*, 453-458.

von Neumann, J. & Morgenstern, O. (1944) *Theory of games and economic behavior*. Princeton, N.J.: Princeton University Press.（銀林浩・橋本和美・宮本敏雄（監訳）(1972)『ゲームの理論と経済行動』東京図書（ちくま学芸文庫, 2009））

パート・3

Adorno, T. W., Frankel-Brunswick, E., Levinson, D. J. & Sanford, R. N. (1950) *The authoritarian personality*. New York: Harper and Row.

Aronson, E., Wilson, T. D., & Akert, R. B. (2005) *Social psychology* (5th ed.), New Jersey: Pearson Education.

Carroll, J. S. & Payne, J. W. (1977) Crime seriousness, recidivism risk, and causal attributions in judgments of prison term by students and experts. *Journal of Applied Psychology, 62*, 595-602.

Gudjonsson, G. (2003) *The psychology of interrogations and confessions. A handbook*. Chichester: John Wiley & Sons.

Haney, C. & Zimbardo, P. (1998). The past and future of U.S. prison policy: Twenty-five years after the Stanford Prison Experiment. *American Psychologist, 53*, 709-727.

Haney, C. (2005) *Death by design: Capital punishment as a social psychological system*. New York: Oxford University Press.

Heider, F. (1958) *The psychology of interpersonal relations*. New York; Wiley.（大橋正夫（訳）(1978)『対人関係の心理学』誠心書房）

細井洋子・西村晴夫・樫村志郎・辰野文理（編著）(2006)『修復的司法の総合的研究――刑罰を超え新たな正義を求めて』風間書房

Isozaki, M. (1984) The effects of discussion on polarization of judgment. *Japanese Psychological Research, 26*, 187-193.

Janis, I. L. (1972) *Victims of groupthink*. New York: Henry Holt.

Janis, I. L. (1982). *Groupthink: Psychological studies of policy decisions and fiascoes* (2nd ed.), Boston: Houghton Mifflin.

Jones, E. E. & Davis, K. E. (1965) From acts to disposition: The attribution process in person perception. In L. Berkowitz (Ed.), *Advances in experimental social psychology*, Vol.2, Academic Press, Pp.219-266.

Jones, E. E. & Harris, V. A. (1967) The attribution of attitudes. *Journal of Experimental Social Psychology, 3*, 1-24.

Kalven, H., & Zeisel, H. (1966) *The American jury*. Boston: Little Brown & Co.

Kassin, S. (1997) The psychology of confession evidence. *American Psychologist, 52*,

Psychology, 73, 1213-1223.

Bell, P. A., & Baron, R. A.（1976）Aggression and heat: The mediating role of negative affect. *Journal of Applied Social Psychology, 6*, 18-30.

Berkowitz, L.（1993）*Aggression: Its causes, consequences, and control*. Philadelphia: Temple University Press.

Brehm, J. W.（1972）*A theory of psychological reactance*. New York: Academic Press.

Canter, D. V., Alison, L. J., & Wentink, N.（2004）The organized/disorganized typology of serial murder. *Psychology, Public Policy and Law, 10*, 293-320.

Cohen, L. E., & Felson, M.（1979）Social change and crime rate trends: A routine activity approach. *American Sociological Review, 44*, 588-608.

Cohn, E. G., & Rotton, J.（1997）Assault as a function of time and temperature: A moderator-variable time-series analysis. *Journal of Personality and Social Psychology, 72*, 1322-1334.

「Daniel McNaghten」藤永保・仲真紀子（監修）（2004）『心理学辞典』丸善（p.673）（Colman, A. M.（2001）*Dictionary of Psychology*. Oxford University Press.）

Griffitt, W.（1970）Environmental effects on interpersonal affective behavior: Ambient effective temperature and attraction. *Journal of Personality and Social Psychology, 13*, 240-244.

Kassin, S. M. & Wrightsman, L. S.（1980）Prior confessions and mock jury verdicts. *Journal of Applied Social Psychology, 10*, 133-146.

Kassin, S. M. & Wrightsman, L. S.（1981）Coerced confessions, judicial instructions, and mock juror verdicts. *Journal of Applied Social Psychology, 11*, 489-506.

黒沢香（2005）「目撃者による人物同一性の確認手続きについて」『心理学評論』第 48 巻 3 号, 405-422.

黒沢香（2006）「法と心理学」海保博之・楠見孝（監修）『心理学総合辞典』30 章, Pp.622-631.

黒沢香・尾崎雅子（2002）「ビデオ提示された弁護人弁論と誘導自白バイアスの社会心理学的研究」『法と心理』*2*, 63-75.

黒沢香・米田恵美（2004）「誘導された行動と強制された行動における責任判断」『法と心理』*3*, 88-97.

黒沢香・米田恵美（2006）「仮想的テレビニュースの聴取者による責任判断への話者とフレームの効果」『法と心理』*5*, 84-90.

Nisbett, R. E.（1993）. Violence and U.S. regional culture. *American Psychologist, 48*, 441-449.

越智啓太（2010）「犯罪捜査の心理学の現在と今後」『心理学ワールド』51, 21-24.

ペンロッド, S. D.・黒沢香（2008）「目撃証言のエラー —— 問題の深刻さ、原因、そして対策を探る」『法と心理』第 7 巻, 36-62.

Rosenthal, R.（1990）How are we doing in soft psychology? *American Psychologist, 45*, 775-777.

松本俊彦（2007）「犯罪・非行の個別的要因① パーソナリティ要因」藤岡淳子（編）『犯罪・非行の心理学』有斐閣ブックス

Matza, D.（1964）*Delinquency and drift*. New York: Wiley.（非行理論研究会（訳）（1986）『漂流する少年 ── 現代の少年非行論』成文堂）

Moffitt, T. E.（1993）Adolescence-limited and life-course-persistent antisocial behavior: A developmental taxonomy. *Psychological Review, 100*, 647-701.

村松励（2001）「薬物非行」清永賢二（編）『少年非行の世界 ── 空洞の世代の誕生』有斐閣

村尾泰弘（1994）「非行性の二次元的理解の試みと処遇の検討 ── 安倍淳吉ほかの理論を援用して」『犯罪心理学研究』*32*（1）, 15-27.

大渕憲一（2006）『犯罪心理学 ── 犯罪の原因をどこに求めるのか』培風館

奥村雄介（2001）「最近の少年非行の動向と特質 ── 医療少年院の現場から」『犯罪学研究』*63*（3）, 101-104.

押切久遠（2008）「保護観察所における対応」小林寿一（編著）『少年非行の行動科学 ── 学際的アプローチと実践への応用』北大路書房

大山みち子（2007）「犯罪被害者への心理的援助」生島浩・村松励（編）『犯罪心理臨床』金剛出版

Rowe, D. C.（2002）*Biology and crime*. Roxbury Publishing Company（津富宏（訳）（2009）『犯罪の生物学 ── 遺伝・進化・環境・倫理』北大路書房）

生島浩・村松励（編）（1998）『非行臨床の実践』金剛出版

Sutherland, E. H. & Cressy, D. R.（1960）*Principles of criminology*. J. B. Lippincott.（平野龍一・所一彦（訳）（1964）『犯罪の原因』有信堂）

Sykes, G. M. & Matza, D.（1957）Techniques of neutralization: A theory of delinquency. *American Journal of Sociological Review, 22*, 664-670.

田口真二・平伸二・池田稔・桐生正幸（編）（2010）『性犯罪の行動科学 ── 発生と再発の抑止に向けた学際的アプローチ』北大路書房

戸川江美（2007）「性犯罪者の処遇プログラム（1）」生島浩・村松励（編）『犯罪心理臨床』金剛出版

上芝巧博・鈴木理包・豊田昭子（1972）「最近の性非行について」『犯罪心理学研究』9（1）, 19-21.

渡邉和美（2005）「被害者学と法制度」菅原郁夫・サトウタツヤ・黒沢香（編）『法と心理学のフロンティアⅠ巻』北大路書房

山岡一信（1966）「犯罪行動の形態（第4報）性犯罪（2）」『科学警察研究書報告』19（2）, 51-59.

吉益脩夫（1958）『犯罪學概論』有斐閣

パート・2

Anderson, C. A., Bushman, B. J., & Groom, R. W.（1997）Hot years and serious and deadly assault: Empirical tests of the heat hypothesis. *Journal of Personality and Social*

引用文献

パート・1

安倍淳吉（1978）『犯罪の社会心理学』新曜社

相澤仁（1998）「教護院における生活教育的アプローチ ―― 生活場面面接による問題解決学習」生島浩・村松励（編）『非行臨床の実践』金剛出版

安香宏（2008）『犯罪心理学への招待 ―― 犯罪・非行を通して人間を考える 』サイエンス社

American Psychiatry Association（2000）*Diagnostic and statistical manual of mental disorders*, 4th ed., text revision.（高橋三郎・大野裕・染矢俊幸（訳）（2003）『DSM-Ⅳ-TR 精神疾患の診断・統計マニュアル　新訂版』医学書院）

飛鳥井望（2006）「犯罪被害と PTSD」松下正明（総編集）『犯罪と犯罪者の精神医学』中山書店

Bartol, C. R. & Bartol, A. M.（2005）*Criminal behavior: A psychological approach*. 7th edition, Pearson Prentice Hall.（羽生和紀（監訳）／横井幸久・田口真二（編訳）（2006）『犯罪心理学 ―― 行動科学のアプローチ』北大路書房）

土居健郎（1971）『「甘え」の構造』弘文堂

藤川洋子（2008）『発達障害と少年非行』金剛出版

福島章（1982）『犯罪心理学入門』中央公論社

Glaser, D.（1956）Criminality theories and behavior images. *American Journal of Sociology, 61*, 433-444.

郷古英男（1978）『「うらみ」の心理』大日本図書

廣井亮一（2007）『司法臨床の方法』金剛出版

星野周弘（2000）「社会の変化と犯罪・非行の動向」『犯罪と非行』*126*, 60-83.

法務総合研究所（2005）『保護司の活動実態と意識に関する調査』

法務総合研究所（2010）『平成 22 年版犯罪白書』

石毛博（1994）「非行動機の理解について」『刑政』*105*（12）, 28-38.

籠田篤子（2001）「被虐待経験を持つ非行少年についての一考察」『調研紀要』*72*, 1-17.

亀口憲治（2000）『家族臨床心理学 ―― 子どもの問題を家族で解決する』東京大学出版会

神村栄一（1999）「パーソナリティ」中島義明（編集）『心理学辞典』有斐閣

家庭裁判所調査官研修所（2001）『重大少年事件の実証的研究』財団法人司法協会

国立武蔵野学院（2000）「児童自立支援施設入所児童の被虐待経験に関する研究」（第 1 次報告）

工藤弘人（2008）「少年院における対応」小林寿一（編著）『少年非行の行動科学 ―― 学際的アプローチと実践への応用』北大路書房

松田美智子（2001）「児童虐待について」『刑政』*112*（11）, 110-120.

ロールレタリング（役割交換書簡法） role lettering 48

わ行

割引き discounting 104

人名索引

あ行

アドルノ Adorno, T. W. 114
安倍淳吉 64, 68

奥村雄介 8

か行

籠田篤子 20
カーネマン Kahneman, D. 122, 123

キャルヴェン Kalven, H. 129

グレーザー Glaser, D. 58
クレッシー Cressy, D. R. 56

ケリー Kelley, H. H. 103, 104

さ行

ザイセル Zeisel, H. 129
サザーランド Sutherland, E. H. 56
サリバン Sullivan, H. S. 37

ジャニス Janis, I. L. 132
シュッツ Schütz, A. 71
ジョーンズ Jones, E. E. 104
ジンバルドー Zimbardo, P. G. 136

ソマーズ Sommers, P. 82

た行

詫摩武俊 111

ツバースキー Tversky, A. 122, 123

土居健郎 72

は行

ハイダー Heider, F. 103
バーコウィッツ Berkowitz, L. 82
ハーシ Hirschi, T. 60, 63
ハリス Harris, V. A. 104

フォン＝ノイマン von Neumann, J. 97

ヘイニー Haney, C. 136
ヘンティヒ Hentig, H. V. 76

ま行

松井豊 111
マッツァ Matza, D. 59

村尾泰弘 68

メンデルソーン Mendelsohn, B. 76

モーゲンステルン Morgenstern, O. 97
モフィット Moffitt, T. E. 8,11

や行

吉益脩夫 11

ら行

レヴィン Lewin, K. 126, 127

ロンブローゾ Lombroso, C. 56

わ行

ワイナー Weiner, B. 103, 138

——動機　70
——臨床　14, 36, 63
——類型　8, 9
非攻撃型　12
被告人　defendant　124
美人ステレオタイプ　“beauty is good” stereotype　111
必要条件型　multiple sufficient causes　104
PTSD（外傷後ストレス障害）　Post-Traumatic Stress Disorder　76
否定的感情回避モデル　the negative affect escape model　81
否認事件　case of denial　124
BBS　Big Brothers and Sisters Movement　43
被誘導性　induction　119
評価変数　estimator　94
評決　verdict　106
——不能　mistrial, hung jury　109
漂流（ドリフト）理論　drift theory　59
ビリーフ　belief　62

夫婦：
——間葛藤　14, 15
——間暴力　15
フェティシズム　fetishism　23
フォイル（偽者役）　fillers, foils　92
ブーメラン効果　boomerang effect　98
プラグマティズム　pragmatism　127
フレーミング効果　framing effect　99, 123
プロスペクト理論　prospect theory　123
分化的接触理論　differential association theory　56
分化的同一化理論　differential identification theory　58
分裂型家族　16
プロファイリング　profiling　84

法社会学　law sociology　87
法と心理学　law and psychology　86
防犯　crime-prevention　139
暴力　violence　83
保護観察　probation　42, 138
——官　43
保護司　43, 45
保護領域　64
保釈　bail　125
補償　33
ポリグラフ検査　polygraph test, polygraphy　91

ま行

マクノートン・ルール　McNaghten Rules　90
麻薬　drug　19
麻薬及び向精神薬取締法　18

密室（陪審の）　jury room　106
密着型家族　17
ミランダ・ルール　Miranda Rule　124
民事裁判　civil trial, civil court　107

無害化　harmlessness　135
無期懲役　indefinite prison term　120
「無罪推定」の原則　the benefit of the doubt　107
無罪判決　acquittal, not-guilty ruling　118
無秩序型（犯罪）　disorganized type　84

名目数　nominal number　94
面接　interview　39
面通し　parade, lineup　93
——場所　identification suite　93

目撃証言　eyewitness testimony　92
目的動機　71
黙秘権　right to remain silent　124
模倣犯　copycat criminal　57

や行

薬物非行　18, 57
薬物乱用　drug abuse　18
役割交換書簡法（ロールレタリング）　role lettering　48

誘因　incentive　70
有罪知識質問法（GKT）　guilty knowledge test　91
誘導自白バイアス　positive coercion bias　97

幼児的な万能感　30
抑圧　repression　29
抑止　134
欲求　needs　70

ら行

離散型家族　17
リスキー・シフト　risky shift　130
リスク　risk　123
利得　gain　123
理由動機　71
量刑　sentence, sentencing　106

レイプ　rape　24

露出症　exhibitionism　23

代用監獄　substitute prison　125
代理的対象への置き換え　73
多次元尺度構成法　multidimensional scaling　84
他者認知　person perception　51
多数決　majority, majority decision　128
達成性の動機　achievement motive　38
単純な盲検法　single-blind method　95
単独：
——・依存型　20
——攻撃型　13
——少年重大事件　32
——犯　28
単独面通し　showup　92

父親孤立型家族　16
秩序型（犯罪）　organized type　84
地方更生保護委員会　138
注意欠陥／多動性障害　ADHD: Attention-Deficit/Hyperactivity Disorder　13
中和の技術　techniques of neutralization　59
地理プロファイリング　85
治療動機　45

DNA 鑑定　DNA analysis　120

同一化　identification　58
同一性　identity　119, 120
動因　drive　70
動機　motivation, motive　70, 111
——のアセスメント　38
同時式面通し　simultaneous parade, lineup　93
当事者主義　adversary system, adversary model　87, 106
統制可能性　controllability　103
特異性　distinctiveness　103
毒物及び劇物取締法　18
特別遵守事項　42
特別抑止　specific deterrence　135
凸型非行　8
トラウマ（心的外傷）　trauma　77
取り調べの可視化　125

な行

内観　63
内省　introspection　124

二重盲検法　double-blind method　95, 105
偽者役（フォイル）　fillers, foils　92
日常的活動の理論　routine activity theory　82
入門薬（ゲイトウェイ・ドラッグ）　gateway drug　19
二律背反　trade-off, paradoxical information　130
任意性　voluntariness　124
認知　cognition：
——活動　cognitive activities, cognition　111
——行動療法　26
——的バイアス　cognitive bias　110
自己——　51
他者——　51

ノン－ゼロサム状況　non-zero-sum situations　97

は行

陪審　jury　103
——制度　jury system　106
——裁判　jury trail　106
——員選任　jury selection, jury empanelment　107
パーソナリティ　50
——障害　50
罰　punishment　135
ハリスバーグ 7 裁判　Harrisburg 7 Trial　108
反抗型非行　10
犯行（非行）深度　64
第Ⅰ——（アマチュア段階）　64, 65
第Ⅱ——（プロ・アマ段階）　64, 66
第Ⅲ——（アマ・プロ段階）　65, 67
第Ⅳ——（プロ段階）　65, 67
犯行動機　72
犯罪　crime　134
——少年　4
——生活曲線　11
——の経過の類型化　11
——の原因　82
——の近接要因と遠隔要因　140
——被害者の心理　76
犯罪社会学　criminal sociology　87
犯罪心理学　criminal psychology　86
『犯罪人とその被害者』　76
『犯罪白書』　6, 9
反社会性パーソナリティ障害　antisocial personality disorder　13, 54
判例　judicial precedents　130

被暗示性　suggestibility　119
被害者　victim　134
——学　76
非行　delinquency　3
——深度　→ 犯行深度

60
社会的サービスのジレンマ　social service's dilemma　96
社会的接触の理論　social contact theory　82
社会復帰　rehabilitation　135
自由裁量行為　discretionary activities　82
囚人のジレンマ　prisoner's dilemma　96
重大事件　28
集団　group：
——型　13
——思考　groupthink　132
——主義的　collectivistic　127
——心理　35
——心理療法　21
——の凝集性　cohesiveness　132
——評決　129
——暴力　34
——・遊興型　20
集団力学（グループ・ダイナミックス）　group dynamics　126
修復的司法　restorative justice　137
十分条件型　multiple necessary causes　104
主犯格の少年　33, 34
順次式面通し　sequential parade, lineup　93
生涯持続型犯罪者　life course-persistent　8
証拠　evidence：
——の許容性　admissibility of evidence
——能力　admissibility of evidence　106, 120
上告棄却　denial of the final appeal, denial of the Supreme Court　120
情緒の安定化機能　14
小児期発症型　13
証人　witness　124
少年：
——の健全な育成　2
——犯罪　2
——非行　2
——法　2
虞犯——　4
触法——　4
犯罪——　4
単独——重大事件　32
少年院　47
少年鑑別所　5
証明力　probative value　106
職権主義　inquisitorial system　87
初発型非行　10
初発非行　37
人格・発達のアセスメント　37
人種差別　racial discrimination　114
心神耗弱　diminished capacity　89, 102
心神喪失　insanity　89, 102
慎重シフト　cautious shift　131
心的外傷（トラウマ）　trauma　77
シンナー　18
親密性　intimacy　37
心理鑑定（心理評価）　psychological evaluation　87, 88
心理教育　78
心理的反発　psychological reactance　98

ステッピング・ストーン（踏み石）仮説　stepping stone hypothesis　19
スピード（覚醒剤）　speed　19

政治制度　political system　107
精神鑑定　psychiatric examination　88
『精神疾患の診断・統計マニュアル DSM-Ⅲ』　12
『精神疾患の診断・統計マニュアル DSM-Ⅳ-TR』　13, 50, 76
生存型非行　10
性的サディズム　sexual sadism　23
性的マゾヒズム　sexual masochism　23
性倒錯（性的嗜好異常）　paraphilia　22
青年期限定型犯罪者　adolescent-limited　8
青年期発症型　13
性犯罪　sexual crime　22
——者処遇プログラム研究会報告書　25
——者調査　25
生来性犯罪者説　56
窃視症　voyeurism　23
窃触症　frotteurism　23
ゼロサム状況　zero-sum situations　97
全員一致　unanimous decision, unanimity　106, 127
——ルール　129
前エディプス的反抗　pre-oedipal resistance　68
専断的忌避　peremptory challenge　109

捜査心理学　investigative psychology　87
素行障害　conduct disorder　9, 12
ソーシャライゼイション（社会化）　64
粗暴非行　13
損失　loss　123

た行

第一審　trial court, district court　107
対応による推測の理論　correspondence inference theory　104
対人評価　80
大麻取締法　18

虞犯少年　pre-delinquent juvenile　4
グループ・ダイナミックス（集団力学）　group dynamics　126
クロンバックのα　Cronbach's coefficient alpha　114

迎合性　compliance　119
傾聴　listen　46
ゲイトウェイ・ドラッグ（入門薬）　gateway drug　19
刑罰　criminal punishment　134
刑務所矯正制度　136
結果　102
ゲーム理論　game theory　97
権威主義的性格　authoritarian personality　114
原因帰属の内外　internal or external attribution　103
言語報告　verbal report　124
現実吟味　reality testing　33
現実のデータ　80
現象学　phenomenology　103
厳罰　136

合意性　consensus　103
好感－錯誤帰属仮説　99
好感－信頼性仮説　99
攻撃型　12, 22
更生　rehabilitation　3
向精神薬　psychotropic substance　19
控訴　appeal, appellate　107, 130
――棄却　dismissal of an appeal, discontinuance　120
口頭主義　verbal system, oral system　106
行動のコントロール　51
広汎性発達障害　pervasive developmental disorder　75
功利的　utilitarian　134
合理的疑い　reasonable doubt　107, 125
個人主義的　individualistic　127
コミットメント　commitment　61
混合型（犯罪）　mixed type　84
コンサマトリー性の動機　consummatory motive　38
コンダクト・ディスオーダー（素行障害）　conduct disorder　12
根本的な帰属の誤り　fundamental attribution error　113

さ行

罪種　6
再審　new trial, retrial　121
裁判　trial　134
裁判心理学　forensic psychology　87
裁判員　saiban-in　103
――制度　106
裁判官　judge　4
――の説示　instruction charge, the judge's charge　106
殺意　intent to kill　120
殺人　murder, homicide　120
――数　116
参審　citizen-participation, citizen participated trial　103

自我の安定度　68
死刑　death penalty　115
――制度　capital punishment　115, 136
GKT（有罪知識質問法）　guilty knowledge test　91
試験観察　49
事件性　incident, incidentality　119
資源のジレンマ　resource's dilemma　96
自己回帰分析　autoregression analysis　81
自己治癒仮説（セルフ・メディケイション仮説）　20, 36
自己認知　self-perception　51
自殺率　117
思春期　early adolescence, puberty　31
システム変数　system variables　95
システム論　systems theory　16
施設内処遇　42
実効数　functional number　94
執行猶予　suspension, suspended sentence　130, 135
児童相談所　13
自白　confession　124
支払い表　payoff matrix　97
自暴自棄　31
司法制度　judiciary system, justice system　107, 134, 136
司法臨床　41
市民参加　citizen participation, public participation　107
市民の義務　responsibility, duty　107
自滅的予言現象　98
社会：
――調査　5
――内処遇　42
社会化　socialization：
――型　12
――の機能　14
――不全型　12
社会的絆（ソーシャル・ボンド）　social bond

事項索引

あ行

アクション・リサーチ　action research　127
アセスメント　assessment　17, 36
　家族の――　38
　人格・発達の――　37
　動機の――　38
遊び型非行　"play-type" delinquency　8, 10
アタッチメント（愛着）　attachment　60
安定性　stability　103

いきなり型非行　8, 10
育成　3
一貫性　consistency　103
一般遵守事項　42
一般抑止　general deterrence　135
意図（犯行の）　102
　――罪　crimes of intension　102
　――性　intentionality　120
居場所　40
違法性　illegality　119
因果図式モデル　causal schema model　104
因子分析　factor analysis　114
飲酒　25
インボルブメント　involvement　62

迂回攻撃型家族　16
迂回保護型家族　16
うそ発見　lie detection　90
疑わしきは罰せず　the benefit of doubt　107, 128
恨み　72

エディプス的反抗　oedipal resistance　68
F 尺度　F scale　114
FBI　Federal Bureau of Investigation　84

凹型非行　8
応報　retribution, punitiveness　134

か行

外傷後ストレス障害（PTSD）　post-traumatic stress disorder　76
加害者－被害者　140
科学的選任法　scientific selection　108
学習　56
確信度　confidence　95
覚せい剤取締法　18
過失罪（crimes of）negligence　102, 120
家族　family：
　――システム論　21
　――のアセスメント　38
　――の機能不全　14
　――の類型　16
　――への介入　40
　迂回攻撃型――　16
　迂回保護型――　16
　均衡型――　17
　父親孤立型――　16
　分裂型――　16
　密着型――　17
　離散型――　17
家庭裁判所　4
　――調査官　4, 49
仮釈放　parole　138
仮釈放委員会　parole board　138
還元主義　reductionism　127
鑑別（鑑定）　psychiatric evaluation　5, 88

気温と犯罪　temperature and crime　83
記述的モデル　descriptive model　123
帰属のあいまい化　attributive ambiguity　104
帰属理論　attribution theory　102, 138, 141
期待価値理論　expected utility model　123
規範的モデル　normative model　123
義務的行為　obligatory activities　82
虐待　20, 38
ギャング・エイジ　gang age　30
凶悪犯罪　7
境界性パーソナリティ障害　borderline personality disorder　52
強化－感情的な説明　reinforcement and emotion theory　111
矯正教育　correctional education　48
共犯　28
共変モデル　covariation model　103
興味半減仮説　98
共有地のジレンマ　common's dilemma　96
極性化　polarization　131
極大化・極小化　maximization and minimization　125
均衡型家族　17

著者紹介

黒沢　香（くろさわ　かおる）
東洋大学社会学部社会心理学科教授。
コロンビア大学大学院心理学専攻博士号取得（Ph.D.）。
専門は社会心理学、パーソナリティ心理学、法と心理学。
著書に
『新編　社会心理学』（分担執筆、吉田富二雄・宮本聡介・松井豊・堀洋道編、福村出版）
『日本の刑事裁判　21世紀への展望』（分担執筆、庭山英雄・下村幸雄・木村康・四宮啓編、現代人文社）
『対人社会心理学重要研究集　第７巻』（分担執筆、齊藤勇・川名好裕編、誠信書房）
『心理学ガイド』（分担執筆、上村保子・須藤昇編著、相川書房）
『法と心理学のフロンティア１、２巻』（共編著、北大路書房）
などがある。

村松　励（むらまつ　つとむ）
専修大学人間科学部心理学科教授。
東京都立大学人文学部人文学科心理学専攻卒。
専門は非行・犯罪心理学。
著書に
『非行臨床の実践』（共編著、金剛出版）
『犯罪心理臨床』（共編著、金剛出版）
『法と心理学のフロンティア１巻　理論・制度編』（分担執筆、菅原郁夫・サトウタツヤ・黒沢香編、北大路書房）
『ケースファイル 非行の理由』（共編著、森武夫監修、専修大学出版局）
などがある。

新曜社　キーワード心理学 9
非行・犯罪・裁判

初版第１刷発行　2012年２月25日©

著　者　黒沢　香・村松　励
監修者　重野　純・高橋　晃・安藤清志
発行者　塩浦　暲
発行所　株式会社 新曜社
〒101-0051 東京都千代田区神田神保町2 - 10
電話（03）3264-4973（代）・Fax（03）3239-2958
e-mail: info@shin-yo-sha.co.jp
URL http://www.shin-yo-sha.co.jp/

印刷　銀河　　Printed in Japan
製本　イマヰ製本所
ISBN978-4-7885-1271-9　C1011

〈キーワード心理学〉シリーズ

第5巻　発　達　　高橋　晃著　定価1900円（税抜）

人の一生という時間のなかで変化しつづける心のはたらきを解明する発達心理学。乳児期から老年期まで各発達段階における認知、言語、アイデンティティなど、発達心理学の基本的知識と最新の知識を30のキーワードで学びます。心理学を学ぶ学生だけでなく保育士・教員採用試験の勉強をする方にも役立つ本です。

〈キーワード心理学〉シリーズ

第4巻　学習・教育　山本　豊 著　定価1900円（税抜）

生きている限り学び続ける人間の心の働きを解明しようとする「学習心理学」。「パブロフの犬」の話、テレビは子どもの暴力を助長するか、やる気のなさはどうして生じるのか、など身近なトピックを手がかりに、学習メカニズムの基本的な事項とそれらの教育への応用を、30のキーワードでやさしく解説します。

1　学習と学習曲線
——経験による変化を捉える
2　馴化
——慣れのしくみ
3　古典的条件づけとオペラント条件づけ
——基本的な学習過程
4　負の強化による学習
——罰と逃避・回避
5　部分強化
——ご褒美は毎回もらえるとは限らない
6　無誤反応弁別学習
——間違えずに違いを学ぶ
7　恐怖症
——なぜだかわからないけれど怖い
8　セルフコントロール
——さまざまな自己制御
9　社会的学習
——テレビは子どもの暴力を助長するか
10　初心者と熟達者
——技能学習
11　赤ちゃんの学習能力
——赤ちゃんは眠っているだけではない？
12　初期経験
——三つ子の魂百までも
13　自然概念
——ハトは世界をどうみているか
14　見本合わせ法
——どちらが同じ？
15　随伴性
——「ああなれば、こうなる」ということについて
16　味覚嫌悪学習
——学習の生物学的制約
17　状況依存学習
——「覚えた場所」も手がかりになる
18　偶発学習
——覚えるつもりがなくても頭には入る？
19　認知的学習理論
——頭の中で何が起こっているか
20　スキーマ
——知識の枠組み
21　学習性無力感
——何をやってもどうせ無駄
22　メタ認知
——自分の精神活動をモニターする
23　個性と学習法の関係
——個人差をどう生かすか
24　学習の転移
——英語を学べばドイツ語に応用が利く
25　プログラム化学習
——先生はいらない？
26　問題解決
——試行錯誤とアハー体験
27　プリマックの法則
——強化の新しい見方
28　般化模倣
——「まね」を教える
29　ソーシャルスキル訓練
——人との付き合い方の練習
30　行動療法
——学習理論の臨床への応用

〈キーワード心理学〉シリーズ

第3巻　記憶・思考・脳　横山詔一・渡邊正孝 著 定価1900円（税抜）

記憶術、デジャビュ、ギャンブラーの誤認など、基本的知識から面白くて重要な話題までをコンパクトに解説。精妙な記憶・思考にかかわる心のはたらきをさまざまな角度から見つめ直し、それを支える脳のしくみの勘所を、新たな発見を盛り込みつつ概観します。わかりやすい参考書にして読み物としても楽しめる本です。

〈キーワード心理学〉シリーズ

第2巻　聴覚・ことば　　重野　純 著　定価1900円（税抜）

恋人や友人とのコミュニケーションに欠かせない音声、いまや生活の一部ともなった音楽、うるさい騒音、私たちは四六時中音に包まれている。音が聞こえるしくみや聞こえ方の法則、音を測る心理的単位、ウォークマン難聴や環境としての音の問題まで、身近な音と心の関係がぐっとよくわかる一冊です。

1　音波と超音波
——聞こえる音と聞こえない音
2　オームの音響法則
——音の高さがいくつ聞こえる？
3　人工内耳
——耳が聴こえなくても話が聞き取れる
4　言語脳と音楽脳
——大脳半球の機能差
5　デジベル、ホン、ソン
——音の大きさの認知
6　ヘルツ、メル
——音の高さの認知
7　音による方向知覚
——音はどこから？
8　マスキング（遮蔽効果）
——音を隠す
9　ヘッドホン難聴
——聴覚器官は消耗品？
10　サウンドスケープ
——音環境をデザインする
11　聴覚におけるタウ効果
——時間に左右される音の高さの感覚
12　ストリーム・セグリゲーション
——メロディーの聞こえ方
13　トーン・ハイトとトーン・クロマ
——上下する高さと循環する高さ
14　心理的オクターブ
——オクターブなのにオクターブらしく聞こえない
15　絶対音感と相対音感
——歌の上達にはどちらが重要？
16　音痴
——上手に歌うために必要なことは？
17　色聴と音視
——バイオリンの音色は何色？
18　フォルマント
——話しことばの特性
19　聴覚フィードバック
——自分の声が聞こえないと話せない
20　カテゴリー知覚
——母音と子音では聞き取り方が違う？
21　選択的順応効果
——同じ音を何度も聞くとどうなるか？
22　カクテルパーティー効果
——喧噪の中でも自分の名前は聞き取れる
23　音韻修復
——全部聞こえなくてもOK
24　言い間違いと聞き間違い
——言い間違いには訳がある
25　声と感情
——声は顔よりも正直？
26　バイリンガル
——外国語の習得に王道はない
27　失語症
——言語機能の障害
28　腹話術効果
——人形がしゃべっていると思うわけ
29　マクガーク効果
——読唇の役割
30　文脈効果
——期待によって変わる判断